Porque quiero que seas feliz

Lucía C. Cano / Señora Cristal

Porque quiero que seas feliz

Un legado de amor, sabiduría y guía para la vida

**Ediciones
De La Parra**

Primera Edición

Derechos Reservados

El presente libro no puede ser reproducido en su totalidad o en parte, por cualquier método o procedimiento, sin el permiso previo y por escrito del titular del copyright. La reproducción no autorizada del mismo puede ser objeto de sanciones civiles y penales.

TÍTULO DEL LIBRO:

Porque quiero que seas feliz
Un legado de amor, sabiduría y guía para tu vida

AUTORA:

Lucía C. Cano / Señora Cristal

DISEÑO GRÁFICO:

Alejandro Parra Pinto

PRODUCCIÓN GENERAL:

Álvaro Parra Pinto / Ediciones De La Parra

ISBN: 979-8-9946363-9-8

Dedicatoria

Pedí a Dios sabiduría para ser una buena madre… entonces llegaste tú.
Y por ello, te llamé Sofía.

A todas las hijas que están despertando a su propia luz… especialmente a
mi hija Sofía, la fuerza que impulsó mi mayor transformación.

Agradecimientos

A mi amada hija, Sofía, por el regalo más grande que la vida me ha dado: ser tu mamá. Gracias por mostrarme que la maternidad es un camino sagrado de aprendizaje continuo, expansión y renacimiento. Gracias por inspirarme a crecer, a sanar y a convertirme en una mejor versión de mí misma.

A cada una de las personas que han sido mis "maestros de vida", a quienes, con su luz o su sombra, se han convertido en espejos que me invitan constantemente a sanar, transformar mis heridas, mis creencias y mis límites internos.

A los que ya partieron y dejaron huellas imborrables en mi corazón, especialmente a mi padre, mi más grande maestro.

A mi madre, a quien tanto amo, por su apoyo incondicional, por su ejemplo de dedicación, entrega, compromiso y resiliencia. Gracias, mamá, por darme grandes lecciones de fortaleza y mostrarme que el verdadero amor, sostiene, incluso en los momentos más difíciles. Gracias por todo y por tanto.

A mi hermana Patricia, por acompañarme en el profundo proceso de sanar creencias limitantes, memorias ancestrales y viejos paradigmas que ya no nos pertenecen. Gracias por caminar conmigo este sendero de conciencia y liberación.

A mi amado esposo, Adolfo, por su apoyo, su paciencia y su presencia amorosa.

Gracias por todas las noches de desvelo durante la creación de este libro, por tu cuidado, tu amor y por enseñarme que cuando una persona decide hacer su trabajo interno y aprende a amarse, las relaciones pueden convertirse en espacios sagrados, mágicos y profundamente saludables.

Y a mi querido editor, Álvaro Parra, por no quitar el dedo del renglón, por impulsarme a escribir, y por guiarme con profesionalismo, claridad y corazón en este proceso creativo.

A cada uno de ustedes, gracias infinitas.

Contenido

Introducción

Hay momentos en la vida en los que sentimos un llamado silencioso al cuestionamiento; a ver hacia nuestro interior. No importa la edad, la historia o el origen… Justo así comenzó el mío, con un impulso que no sabía explicar, pero que tampoco podía ignorar.

Mientras la sociedad me pedía conformidad, obediencia y estructuras rígidas, algo en mí se resistía a aceptar una vida dictada por expectativas ajenas. Ante toda esa presión, me volví rebelde. Mas no era una rebeldía vacía; era un llamado interno; una voz que me decía que la vida era más grande que los paradigmas familiares, las creencias heredadas o lo que "se suponía" que debía ser. Esa inconformidad se convirtió en la chispa que encendió mi búsqueda espiritual. Esa rebeldía fue en realidad, el inicio de mi libertad.

Fue el recordatorio de que mi alma había venido a cuestionar, a transformar, a trascender. A explorar senderos que pocos transitan. A dejar atrás todo aquello que no resonaban con mi esencia. No porque despreciara mis raíces, sino porque sentía que había algo más… algo que necesitaba descubrir por mí misma.

Ese camino me ha llevado, por más de treinta años, a explorar el vasto territorio del alma humana. Al despertar de mi espiritualidad, a la introspección… al despertar de mi propia luz. Y aunque ese proceso ha sido enormemente transformador, nada cambió tanto mi vida como el nacimiento de mi hija, Sofía.

Su llegada despertó en mí, un tipo de amor que abrió puertas internas que ni siquiera sabía que existían. Me impulsó a convertirme en una mujer más consciente, más presente y más amorosa. A ser un modelo a seguir, digno para ella. Me reveló que la espiritualidad real se vive en lo cotidiano, en lo humano, en lo imperfecto.

Ella me ha invitado a encarnar mi propia sabiduría. A ser ejemplo y no solo palabra.

Este libro es mi regalo para ella… y para todas las hijas del mundo que están buscando recordar su poder interno, despertar su voz, honrar su alma y crear la vida que desean vivir.

En él encontrarás 75 cartas elegidas de un compendio de más de 100, que he escrito a lo largo de varios años. Son palabras nacidas desde mi humanidad y nutridas desde mi espiritualidad; un puente entre lo divino y lo cotidiano.

Cada carta es un mensaje para el alma, una guía amorosa que puede acompañarte también en momentos de incertidumbre, en donde buscas claridad, paz o una señal. Solo cierra tus ojos, respira profundo y pide al Universo que te envíe el mensaje que necesitas recibir. Luego abre el libro donde tu corazón te lleve para que la sincronía te muestre la respuesta. Confía en que lo que leas, será lo que tu alma requiere en ese instante.

Deseo que encuentres en estas páginas aquello que tu corazón lleva tiempo buscando recordar, y que tu camino —al igual que el mío— te lleve siempre de regreso a ti.

Con amor,

Lucía C. Cano
Señora Cristal

1.-La vida es como conducir en una autopista

"La vida avanza como una autopista infinita. No apresura a nadie, pero guía suavemente a quien se atreve a mirar hacia adelante".

La vida es como un largo viaje en una autopista. En ella verás vehículos que avanzan a toda velocidad, otros que parecen ir más despacio y algunos que se detienen en el camino. Cada conductor tiene su propio ritmo, su propio destino y sus propias circunstancias. La autopista es la misma, pero el viaje es distinto para cada alma.

No te preocupes si alguien parece avanzar más rápido que tú. Recuerda que no se trata de quién llega primero, sino de cómo disfrutas el camino, de la paz con la que conduces y de la conciencia con la que observas cada tramo.

El carril en el que vas es sagrado; fue elegido para ti según tu crecimiento, tus talentos y tu propósito.

El vehículo que conduces representa tus circunstancias actuales: tus recursos, tus experiencias, tu estado emocional y espiritual. Habrá momentos en los que puedas acelerar sin miedo porque el camino está despejado, y otros en los que debas reducir la velocidad para observar, aprender o simplemente recargar fuerzas. No todos los kilómetros requieren la misma energía.

A veces encontrarás desvíos, obras en construcción, tráfico lento o tormentas inesperadas que te obliguen a cambiar de ruta. No tomes estos cambios como obstáculos injustos. A veces el desvío es el camino verdadero; a veces la vuelta larga es la que te salva, te enseña o te prepara. Puede que ese desvío te lleve a paisajes que jamás habrías visto si hubieras seguido la ruta original.

También verás señales en el camino. Algunas te advertirán, otras te guiarán, y otras serán simples recordatorios de que vas por buen rumbo. Aprende a reconocer estas señales internas y externas, porque muchas veces Dios habla en silencio: en una intuición, en una pausa, en una sincronía, en una palabra que llega justo a tiempo.

No conduzcas mirando demasiado el espejo retrovisor. Está ahí para recordarte de dónde vienes, pero no para dictarte a dónde vas. Mirar constantemente hacia atrás te hace perder de vista el tramo iluminado frente a ti. La vida avanza hacia adelante, y tú también.

Ten cuidado con las distracciones del camino: las comparaciones, los comentarios ajenos, la prisa sin propósito, la necesidad de aprobación. Todo eso puede sacarte de tu carril. Mantén tu atención en tu propio volante, en tu propia ruta, en tu propio ritmo.

Y si en algún momento te cansas, recuerda que existen lugares de descanso. No están para que te quedes a vivir allí, sino para que recuperes fuerza, claridad y serenidad antes de seguir conduciendo. Detenerte para respirar no es un fracaso… es sabiduría.

En esta autopista de la vida, tu prioridad no es competir con otros, sino llegar con bien, con paz en el corazón y con la certeza de que disfrutaste cada kilómetro del recorrido.

Hija mía, que tu viaje por esta autopista llamada vida sea un recorrido lleno de aprendizajes, amor y gratitud. No importa si a veces vas más despacio o si te detienes para reorientarte; lo importante es que cada kilómetro te acerque a tu verdadera esencia y que llegues a tu destino con el corazón pleno, sabiendo que no solo viviste… sino que disfrutaste profundamente el viaje.

Te ama,
Mamá

Tips para vivir con dirección y paz

1. **Define tu propio ritmo**. No te compares con el avance de los demás; tu tiempo es perfecto para ti.

2. **Mantén tu vehículo en buen estado**. Cuida tu cuerpo, mente, corazón y espíritu para que tu "motor interno" siempre esté fuerte.

3. **Confía en los desvíos**. Muchas veces son bendiciones disfrazadas; por ellos llegan aprendizajes que no estaban en tu mapa.

4. **Disfruta el paisaje**. Haz pausas para apreciar los momentos bellos de tu vida, por pequeños que parezcan.

5. **Conduce con fe**. Deja que tu copiloto sea la Divinidad que habita en ti; con ella, siempre llegarás a salvo.

6. **Ajusta la velocidad según tu interior**. Cuando estés clara, avanza; cuando estés confundida, desacelera y escucha tu intuición.

7. **Haz pausas conscientes**. Un descanso a tiempo evita accidentes emocionales. Respira, recarga, retoma.

8. **Evita manejar en piloto automático**. La rutina puede adormecer el alma. Practica presencia en cada tramo.

9. **Suelta lo que quedó atrás**. El espejo retrovisor es solo para mirar brevemente, no para vivir en él.

10. **Pide dirección cuando lo necesites**. A través de la oración, la intuición o el silencio, Dios siempre responde.

11. **Celebra tus kilómetros recorridos**. Cada etapa te ha hecho más fuerte, más sabia y más tú.

Afirmación

Conduzco mi vida con serenidad, confianza y propósito. El camino se ilumina siempre frente a mí, y Dios me guía paso a paso.

2.-Mantén mente abierta

*"La sabiduría no siempre llega de donde esperas…
pero sí cuando estás lista para recibirla".*

Querida hija,

A lo largo de tu vida conocerás a muchas personas con ideas, creencias y formas de ver el mundo distintas a las tuyas. Algunas te parecerán curiosas, otras te incomodarán y quizá desafíen todo lo que creías verdadero. Pero si deseas caminar por este mundo con el alma en expansión y el corazón en paz, es importante que mantengas siempre tu mente abierta, porque nadie tiene la verdad absoluta... y porque cada ser humano, al igual que tú, está en su propio proceso de despertar.

La verdad no es una piedra fija, sino un río que cambia de cauce. Lo que hoy te da certeza puede ser que en unos años ya no tenga sentido para ti. Y eso no significa que hayas estado equivocada; significa que estás creciendo.

A veces, las verdades que en un momento te dieron certeza, pueden volverse limitantes si no las cuestionas con humildad.

Si te aferras a ellas, corres el riesgo de quedarte estancada en una versión antigua de ti misma; por eso, mantener la mente abierta implica permitirte desaprender, soltar lo que ya no resuena y confiar en que la vida te mostrará otras formas de mirar, sentir y entender. Porque la verdad, amor mío, es una experiencia viva que se transforma contigo.

La sabiduría puede llegar disfrazada de sorpresa. A veces se manifiesta de quien menos lo esperas... en las palabras de un niño, en un encuentro inesperado, incluso en alguien con quien no simpatizas o hasta en el silencio.

Pero si estás cerrada, si crees que ya lo sabes todo, si no escuchas con el corazón, esa enseñanza pasará de largo y no habrá espacio para que lo nuevo florezca en ti. Mientras tu mente y tu corazón estén saturados, no podrás recibir las bendiciones que el universo quiere derramar sobre ti.

Mantener la mente abierta no significa aceptar todo sin discernimiento ni renunciar a tu esencia, sino tener la humildad de reconocer que siempre puedes aprender más, de abrir un espacio interno donde lo divino pueda revelarte una sabiduría más profunda que cualquier teoría y que incluso lo que crees saber puede transformarse con el tiempo.

Serás mucho más libre y feliz cuando dejes de necesitar tener siempre la razón y comiences a disfrutar el viaje de descubrir. La mente rígida se quiebra ante lo nuevo. La mente abierta… se expande y florece.

Observa sin condenar, aprende sin aferrarte, acepta sin perder tu centro. Recuerda que el alma sabia no busca tener siempre la razón, sino estar en paz.

Cuando sueltas la necesidad de defender tus verdades, la vida se vuelve más ligera, más clara, más mágica.

Hija de mi alma, abre tu mente a todo lo nuevo, lo diferente; a lo que va más allá de tu conocimiento o tu comprensión. Hazlo con curiosidad, con gratitud, con ternura. Permite que el viento de la vida te renueve, que la voz del universo te inspire, que la experiencia te enseñe. Porque el corazón que permanece abierto y dispuesto a aprender, nunca deja de crecer; y en ese fluir constante entre soltar y recibir… descubrirás el misterio más hermoso:

Que la mente que se abre deja entrar la luz y la que suelta lo que le limita deja espacio para el milagro.

Te ama,
Mamá

Tips para mantener una mente abierta

1. **Practica la humildad intelectual.** Reconoce que no lo sabes todo y que cada persona puede enseñarte algo valioso, incluso si piensa diferente.

2. **Escucha activamente.** Escucha sin interrumpir, sin juzgar, sin pensar en qué responder. Escucha desde el alma.

3. **Cuestiona tus creencias.** Pregúntate. *¿Esto sigue teniendo sentido para mí? ¿Lo creo porque lo siento verdadero… o porque me lo enseñaron así?*

4. **Evita los juicios apresurados.** Da espacio a la curiosidad antes que a la crítica. Pregunta. *¿Qué puedo aprender de esta persona o situación?*

5. **Rodéate de personas con pensamientos diversos.** Conversar con quienes piensan distinto enriquece tu visión del mundo.

6. **Permítete cambiar de opinión.** No es debilidad… es evolución. Cambiar de opinión es signo de una mente viva y flexible. Las ideas cambian; tú también.

7. **Deja espacio para lo nuevo.** Libérate de hábitos, juicios o creencias que ya no nutren tu alma. Cada vez que sueltas algo viejo, haces lugar para una bendición nueva.

Afirmación

*Me permito soltar lo que ya no me
sirve y abrirme a nuevas formas de ver,
sentir y comprender.*

3.-No creas todo lo que ves ni todo lo que oyes

"El mundo puede mostrarte mil versiones de una misma historia, pero la que realmente importa es la que nace de tu conexión con la verdad y tu conciencia".

Querida hija,

Vivimos en un mundo que constantemente nos bombardea con información, imágenes y mensajes que buscan moldear lo que pensamos, sentimos y deseamos. El sistema —a veces de manera sutil, otras de forma descarada— intenta convencernos de que necesitamos más, de que nunca somos suficientes, de que debemos seguir lo que "todos" hacen para encajar. Pero no todo lo que ves es real, y no todo lo que oyes es verdad.

Es fácil caer en la trampa del consumismo, creyendo que la felicidad se compra o que el valor personal se mide por lo que tenemos, vestimos o mostramos en redes sociales; pero nada externo podrá llenar un vacío interno; al contrario, te hará dependiente de lo que siempre está cambiando y nunca dura.

Despierta, amor mío. Aprende a cuestionar, a investigar, a no dejarte arrastrar por la corriente de lo que los demás creen o esperan. La verdadera libertad está en pensar por ti misma, en formar tu propio criterio y en decidir desde la verdad de tu corazón, no desde la programación que otros intentan imponerte.

La vida no es una carrera por acumular cosas, sino un viaje para experimentar, aprender y crecer espiritualmente. Lo que nutre tu alma no se compra; se vive, se siente y se agradece.

Hija, el mundo está lleno de voces, imágenes y opiniones que, si no tienes cuidado, pueden confundir tu corazón. Lo que ves no siempre es la verdad completa, y lo que escuchas casi siempre viene filtrado por las creencias, emociones e intereses de quien lo dice.

En la actualidad, las apariencias pueden engañar más que nunca. Una sonrisa puede ocultar tristeza, una foto puede no mostrar la realidad, y un comentario puede estar cargado de prejuicio o desinformación. Por eso, es importante que desarrolles la capacidad de mirar más allá, de cuestionar y de usar tu discernimiento antes de creer algo como absoluto.

A veces las personas mienten sin querer, porque cuentan lo que vieron desde su propio ángulo, y otras veces lo hacen para manipular.

No te dejes arrastrar por rumores, noticias sensacionalistas o juicios apresurados. No todo lo que brilla es oro, y no toda historia que llega a tus oídos está libre de distorsiones.

También recuerda que nuestra percepción cambia según nuestras emociones. Cuando estás cansada, todo parece más difícil; cuando estás triste, todo se ve más oscuro; cuando estás ansiosa, todo parece urgente. Antes de creer lo que ves o reaccionar a lo que escuchas, respira… vuelve a tu centro. Desde la calma, la verdad siempre se revela con mayor claridad.

Cuida lo que entra en tu mente, igual que cuidarías lo que entra en tu cuerpo. Cada imagen, palabra y mensaje que consumes siembra una semilla. Haz espacio para semillas que alimenten tu alma, no para aquellas que nublen tu espíritu. La mente es un jardín, y solo florece cuando eliges conscientemente lo que permites que crezca en ella.

Aprende a investigar, a observar los hechos con calma y a escuchar tu intuición. La verdad tiene una energía clara, luminosa, coherente. No genera ansiedad ni confusión… genera paz.

Amor mío, no permitas que el ruido del mundo apague la voz de tu alma.

Cuando no crees todo lo que ves ni todo lo que oyes, descubres que el poder de tu vida está en tu interior, y que lo que verdaderamente llena el alma no necesita envoltorios, etiquetas ni aprobación externa.

Cuando dudes del mundo, regresa a ti. Tu alma nunca miente. Su voz es suave… pero es la más sabia de todas.

Te ama,
Mamá

Tips para ver lo verdadero

1. **Cuestiona la fuente**. Antes de creer una noticia, publicidad o consejo, verifica de dónde viene, con qué intención y busca más de una versión.

2. **Filtra tu consumo**. Así como cuidas lo que comes, cuida lo que ves, escuchas y lees. Todo alimenta tu mente y espíritu.

3. **Sé una espectadora**. Aprende a escuchar sin absorber emociones ajenas como si fueran tuyas.

4. **Sé selectiva con lo que ves y escuchas.** Si algo que ves o escuchas te causa ansiedad, tómate un momento para respirar antes de reaccionar.

5. **Las apariencias engañan**. Observa patrones, no momentos aislados.

6. **Confía en tu intuición.** Si algo no se siente correcto, probablemente no lo sea.

7. **No tomes nada personal sin verificar.** Los comentarios ajenos solo reflejan el mundo interno de quien los dice.

8. **Confía más en la coherencia que en las apariencias.** Lo auténtico se sostiene con el tiempo; lo falso se derrumba solo.

9. **Pregúntate siempre: "¿Quién gana si creo esto?"** Esta pregunta sencilla desenmascara manipulaciones externas.

Afirmación

Mi discernimiento es mi guía. Veo con claridad, escucho con sabiduría y conduzco mi vida desde la verdad que habita en mi interior.

4.-Educa tu mente

"Quien educa su mente, convierte el caos en calma y el ruido en sabiduría".

Querida hija,

La mente es la herramienta más poderosa que posees. Pero como todo instrumento, necesita ser guiada, afinada y educada, ya que no distingue entre lo real y lo imaginado. Si no la cuidas, crecerán malas hierbas; pero si la cultivas con ternura, paciencia y consciencia, florecerá belleza en cada rincón de tu existencia. Tú eliges qué película proyectar en la pantalla de tu vida.

Cada pensamiento es una semilla. Lo que pienses hoy, será tu realidad mañana. Por eso, es tan importante cultivar una mente alineada con la luz. Para lograrlo, observa tus pensamientos con atención, pues al hacerlo conscientemente, puedes decidir a cuáles dar vida y a cuáles dejarlos disolverse en el silencio.

Antes de que algo se manifieste en el plano físico, primero debe haber sido creado en el plano mental. Tus pensamientos son la arcilla con la que esculpes tu realidad. Así que… ¿qué estás moldeando con ellos?

Una mente educada no es aquella que acumula información, sino la que ha aprendido a elegir en qué enfocarse. Es la que sabe detenerse, observar y cambiar el canal cuando sintoniza una frecuencia dañina. Recuerda siempre: tú no eres tus pensamientos; eres quien los observa, quien los dirige, quien elige qué voz escuchar.

Enséñale a tu mente a servir como un instrumento para tu desarrollo, tu bienestar y evolución. Cuando está al servicio del corazón, juntas pueden crear maravillas. Eres la arquitecta de tu mundo interior y ese mundo es la base de todo lo que verás reflejado afuera. Siembra luz… y vivirás rodeada de milagros.

Entre más reconozcas y desarrolles el poder de tu mente, más la cuidarás como el tesoro sagrado que es. La mente es fuerza creadora, campo magnético, jardín fértil… y espejo que refleja todo lo que habita en tu interior. Cada pensamiento deja una huella en tu cuerpo, en tus emociones y en tu destino.

En los últimos años, la neurociencia ha demostrado la plasticidad del cerebro humano —la capacidad que tiene de transformarse constantemente según lo que pensamos, sentimos y repetimos—. Este fenómeno, conocido como neuroplasticidad, revela que tus pensamientos no solo influyen en tu realidad emocional, sino que literalmente esculpen tu cerebro.

Cada vez que repites un pensamiento, fortaleces una red neuronal. Si repites miedo, inseguridad o negatividad, tu cerebro se adaptará a esa vibración. Pero si repites amor, confianza, gratitud y visión, crearás nuevos caminos neuronales que te conducirán hacia una vida más armónica, saludable y plena.

Asimismo, la ciencia del corazón —como lo demuestra el HeartMath Institute— ha comprobado que el corazón y el cerebro están profundamente conectados. Los estados mentales influenciados por emociones como la gratitud o la compasión tienen un efecto directo y positivo en nuestro sistema nervioso, inmunológico y hormonal. En otras palabras, una mente cultivada con pensamientos elevados puede sanarte, inspirarte y elevar tu frecuencia.

La mente no es mala por sí misma; no es el enemigo. Pero si la dejamos sin guía, se vuelve inquieta, temerosa, caótica… y comienza a gobernar nuestra vida desde la confusión. En cambio, cuando la educamos con amor, la mente se convierte en la más sabia servidora del alma. Una mente en paz es un canal directo con la divinidad y cuando la educas con amor, se transforma en la constructora más fiel de tus sueños.

Así que recuerda siempre cuidar la puerta de tu mente. Que por ella solo entren pensamientos que nutran tu alma y eleven tu espíritu. Permanece atenta, porque cada pensamiento es una vibración que construye tu destino.

Cuando la mente se aquieta, el alma florece. Y cuando el alma florece, todo el universo conspira a tu favor.

Haz de tu mente un templo de luz, un santuario donde habite la paz y un altar donde cada idea sea una ofrenda de amor a la vida. Porque el poder más grande que posees no está fuera de ti… sino en lo que eliges pensar, sentir y crear, instante tras instante.

Te ama,
Mamá

Tips para educar tu mente y usar tu poder creador

1. Observa tus pensamientos sin juzgar. Sé testigo de lo que pasa por tu mente. Si surge algo negativo, no te culpes. Solo cámbialo por algo que te nutra.

2. Practica afirmaciones positivas. Al despertar y antes de dormir, repite frases que eleven tu energía: "Mi mente es mi aliada. Yo dirijo mis pensamientos hacia la luz".

3. Cuida lo que consumes. Lo que ves, escuchas y lees alimenta tu mente. Elige con consciencia. Llénala de belleza, sabiduría y alegría.

4. Practica el pensamiento consciente. Si estás atrapada en un pensamiento negativo, haz una pausa. Respira. Haz algo que te conecte con el presente: caminar, escuchar música, agradecer.

5. Visualiza lo que deseas crear. Cada día, cierra los ojos e imagina con detalle lo que quieres manifestar. Siente como si ya estuviera ocurriendo.

6. Medita, visualiza o escribe. La meditación calma la mente. Escribir es una forma de programación mental y visualizar ayuda a crear realidades. Estas prácticas te ayudan a limpiarla de pensamientos limitantes.

7. Recuérdalo siempre. "Lo que pienso, creo. Lo que creo, creo". Tu mente es una varita mágica. Úsala para construir, no para sabotearte.

8. Haz silencio para poder escuchar. El corazón no habla en medio del ruido. Dedica momentos de quietud cada día para serenar la mente y reconectar con tu centro. Respira profundo, siente tu cuerpo y permite que tu energía se serene. La intuición florece en el silencio.

9. Cuida tu diálogo interno. Habla contigo misma con ternura. No digas nada a tu mente que no le dirías a alguien que amas profundamente.

10. Actúa con coherencia. Pensar positivamente es solo una parte. También hay que actuar con amor, alineando lo que piensas, sientes y haces.

Afirmación

Hoy elijo educar mi mente con amor. Guío mis pensamientos hacia la luz y permito que mi corazón sea quien inspire cada idea. Soy creadora de mi realidad y elijo pensar, sentir y vivir en armonía con el universo.

5.-Observamos, pero no juzgamos

"La compasión es la medicina del alma… y el juicio, una barrera que impide ver con el corazón".

Querida hija,

Antes de emitir un juicio hacia alguien más… haz una pausa. Respira. Mira más allá de lo evidente. No permitas que la prisa de la mente silencie la sabiduría del corazón, porque la apariencia casi nunca cuenta la historia completa.

Cada ser humano que camina por esta tierra lleva consigo una historia, una herida oculta, un miedo silencioso, una batalla que muchas veces nadie conoce.

Cuando observes el comportamiento de alguien, pregúntate con humildad:

"¿Qué habrá detrás de esta reacción? ¿Qué dolor no he visto aún?"
Ese simple gesto —observar sin condenar— te convierte en un alma más consciente y más humana.

Evitar juzgar no significa justificar lo que está mal, sino comprender desde el alma que cada quien actúa desde el nivel de conciencia en el que se encuentra, y que la mayoría de las veces, lo que más criticamos en otros… es un reflejo de aquello que aún no hemos sanado en nosotros.

Por eso, hija, observa para aprender y elige hacerlo diferente. No permitas que las conductas ajenas te lastimen ni traspasen tus límites. Puedes ser compasiva sin cargar lo que no te pertenece; puedes comprender sin justificar; puedes amar desde la distancia cuando sea necesario.

Cuando practicas la empatía, tu corazón se vuelve más sabio.

Cuando te detienes a mirar con compasión, la rabia se transforma en entendimiento y el juicio en ternura. Y esto, hija, también te incluye a ti. A veces eres más dura contigo misma que con cualquier otra persona. Te castigas por decisiones pasadas, te juzgas por no haber sabido mejor, por haberte equivocado, por haber confiado, por haber sentido.

Pero recuerda, amor mío, nadie actúa desde la luz cuando su conciencia aún está aprendiendo a brillar. Todo lo que hiciste, lo hiciste con la información, la madurez y la fuerza que tenías en ese momento. No te condenes por tu pasado: abrázalo como el terreno donde sembraste tu evolución.

Nada florece bajo la mirada dura del juicio. Florece bajo la luz del amor, la comprensión y la ternura interior.

Acepta cada parte de ti, incluso las que aún no comprendes.
No viniste a esta vida a ser perfecta. Viniste a aprender, a despertar, a recordar quién eres y a amarte completa —con tus luces y tus sombras, con tus aciertos y tus tropiezos— porque ahí está tu verdadera fuerza.

La compasión es el lenguaje del alma. Evita el juicio como quien evita una herida innecesaria y abraza la compasión como quien riega flores en su jardín interior.

Cuando mires con amor, comprenderás sin justificar, podrás poner límites sin odio y crecer sin culpas. Y cuando logres mirarte con esa misma dulzura… cuando abraces incluso tus partes rotas… te habrás dado el regalo más poderoso del alma: la paz que nace del perdón, de la conciencia y del amor incondicional hacia ti misma y hacia el mundo

Tips para cultivar la compasión y soltar el juicio

1. **Haz una pausa antes de reaccionar.** Cada vez que sientas el impulso de juzgar, respira profundamente. Pregunta: ¿Qué emoción hay detrás de mi reacción? La pausa abre espacio para la sabiduría.

2. **Pregunta en lugar de asumir.** Muchas veces juzgamos sin conocer la historia completa. Cultiva la curiosidad amorosa: ¿Qué puede estar viviendo esta persona?

3. **Observa para aprender, no para criticar.** Todo encuentro tiene un propósito. Pregunta: ¿Qué me está enseñando esta situación acerca de mí?

4. **Observa tus juicios internos.** Escucha esa voz que te critica por dentro. Respóndele con ternura: "Estoy aprendiendo, y eso está bien".

5. **Practica la compasión contigo misma.** Cuando recuerdes errores o fallas, repite: "Hice lo mejor que pude con la conciencia que tenía". Sé tu refugio, no tu verdugo.

6. **Recuerda que todos estamos en proceso.** Todos somos almas en evolución, haciendo lo mejor que podemos con lo que sabemos.

7. **Pon límites sin dureza.** No juzgar no significa tolerar lo que te hiere. Di "no" con amor, sin rencor y sin culpa. Los límites son actos de amor propio.

6. **Reemplaza juicio por bendición.** Cuando veas algo que no entiendas, piensa o susurra: "Que esta persona reciba luz, claridad y paz". Lo que bendices, lo liberas; lo que liberas, te libera.

Afirmación

Elijo observar con amor, comprender antes de reaccionar y abrazar mi evolución sin juicio. Mi corazón es mi guía y mi paz es mi templo.

6.-Atrévete a preguntar

*"Las preguntas correctas
abren las puertas correctas.
Pregunta con humildad, escucha
con el corazón y camina con la paz
de quien decide desde la luz".*

Querida hija,

Vivimos en un mundo lleno de voces, imágenes, opiniones y verdades a medias. Todos parecen tener algo que decir. Muchos hablan con fuerza, otros con ternura, algunos con autoridad… pero no siempre con verdad.

Una de las mayores señales de sabiduría, no es tener todas las respuestas, si no atreverse a hacer las preguntas correctas, a las personas correctas. A cuestionar con dulzura y firmeza, todo aquello que das por sentado: las creencias, las costumbres, los miedos heredados.

Hay quienes tienen miedo de que empieces a cuestionar, porque cuando lo haces, ya no eres tan fácil de manipular. Cuando empiezas a observar con claridad, ves que mucho de lo que se nos enseñó tenía más que ver con control que con amor.

Nos enseñaron a obedecer sin preguntar, a sentir culpa por pensar diferente, a desconfiar de nuestra intuición si no coincidía con "la norma". Nos repitieron frases como: "Así son las cosas", "porque lo digo yo", "porque siempre ha sido así" y con eso, nos alejaron de nuestro criterio propio.

Vivimos en un mundo donde los medios, las figuras de autoridad, las tradiciones y hasta las modas dictan qué pensar, cómo vestir, qué es belleza, qué es éxito, qué está bien y qué está mal. Pero, amor mío, te lo digo con todo mi corazón: nada externo puede definir tu verdad. Solo tú puedes descubrirla. Cada quien ve según sus filtros… pero eso no lo hace verdad universal. Recuerda que cada persona interpreta el mundo desde sus propias heridas, creencias y experiencias. Dos

1. **Respira en medio del caos.** Cuando algo duela, no huyas; respira. Permítete sentir y observar… sin juicio. La calma llega con la presencia.

2. **Hazte preguntas poderosas.** En vez de decir "¿por qué me pasa esto?", di: "¿para qué me está sucediendo?" Esta simple pregunta te conecta con el aprendizaje.

3. **Confía en el orden divino, incluso sin entenderlo.** A veces la vida te quita algo para hacer espacio a lo que mereces. No todo lo bueno se entiende al principio.

4. **Abraza las emociones difíciles.** No reprimas lo que sientes. Llora si necesitas. Pero no te quedes estancada ahí. Siente, sana y luego suelta.

5. **Deja de luchar contra lo que es.** La aceptación no es resignación. Es reconocer lo que hay y, desde ahí, elegir tu siguiente paso con amor.

6. **Observa los patrones repetidos.** Lo que se repite en tu vida no es castigo… es una lección no aprendida. Ábrete a verla y sanarla.

Afirmación

Confío en que todo es perfecto y necesario para mi crecimiento.

17.-Tu actitud hace la diferencia

*"Tu actitud es el pincel con el que pintas
tu destino; con cada pensamiento eliges
crear sombra o amanecer".*

Querida hija,

La vida no siempre será como la soñaste. Habrá días de sol radiante y días de tormenta, momentos de risas y momentos de lágrimas. Sin embargo, más allá de lo que suceda afuera, siempre tendrás el poder de elegir cómo reaccionar. Esa elección es la que marcará la verdadera diferencia en tu camino.

La actitud es la energía con la que te presentas ante la vida. Es el cristal a través del cual observas tu realidad. Puedes ver los obstáculos como muros que te detienen o como escalones que te impulsan; puedes permitir que las dificultades te amarguen o dejar que te fortalezcan. La diferencia entre quién se hunde y quién renace, no está en lo que vive, sino en la forma en que lo mira.

Recuerda, amor mío, que la vida es un espejo: lo que proyectas regresa a ti. Si enfrentas los retos con amargura, atraerás más de lo mismo; pero si los miras con gratitud, con fe y con apertura, descubrirás bendiciones donde otros solo ven problemas. Tu actitud es una oración silenciosa que el universo siempre escucha.

Tener una buena actitud no significa negar lo que duele ni fingir que todo está bien. Significa elegir conscientemente la mirada que te ayude a crecer y avanzar, incluso en medio de la tormenta.

Es mantener viva la fe cuando el camino se oscurece, y confiar en que cada experiencia, por difícil que parezca, tiene un propósito que a veces solo se revela con el tiempo. Implica levantar la cabeza cuando sientas que todo se derrumba y repetirte: "Esto también pasará, y saldré más fuerte, más sabia y más serena".

Hija, tu actitud define tu vibración. Todo lo que piensas, sientes y proyectas se convierte en energía que regresa a ti. Si eliges la gratitud, atraerás más motivos para agradecer; si eliges la queja, encontrarás más razones para lamentarte.

La mente, es como un jardín: florece aquello que riegas con tus pensamientos. Por eso, cuida cada idea, cada palabra y cada emoción, porque son semillas que sembrarán tu futuro.

También es importante que aprendas a responder en lugar de reaccionar. Reaccionar es moverte desde la herida, desde el impulso o el enojo; responder es hacerlo desde la conciencia, desde el corazón en calma.

Antes de hablar, de decidir o de rendirte, respira. La serenidad abre puertas que la impulsividad suele cerrar. Y cuando la vida te ponga a prueba, recuerda que cada desafío es también una oportunidad disfrazada. Nada llega por azar.

Todo lo que se presenta ante ti busca revelarte tu fuerza, expandir tu comprensión y recordarte de lo que estás hecha. A veces la adversidad no viene a destruirte, sino a mostrarte la capacidad que tienes de reconstruirte con más amor y sabiduría.

Rodéate de energía positiva, de personas que eleven tu espíritu y te inspiren a ver la vida con esperanza. La actitud es contagiosa; por eso elige estar cerca de quienes ven posibilidades en lo incierto y luz en lo oscuro.

Comprende, hija mía, que todo en la vida es temporal. Ni la tormenta ni el sol duran para siempre. Cuando aprendes a mantenerte firme y confiada en medio del cambio, la vida te recompensa mostrándote la belleza del amanecer después de la oscuridad de la noche.

Las personas se sienten atraídas por quienes irradian claridad y serenidad. Tu actitud puede ser esa luz que inspire a otros, que abra puertas, que transforme un día gris en uno lleno de esperanza.

Tu manera de mirar la vida será tu carta de presentación ante el mundo. Habrá muchas cosas fuera de tu control, pero siempre tendrás poder sobre la manera en que decides enfrentarlas. Esa es tu verdadera fortaleza, amor mío: la capacidad de mantenerte en equilibrio cuando todo a tu alrededor tiembla.

La actitud, hija mía, no cambia lo que sucede, pero cambia quién eres mientras sucede, y cuando cambias tú, todo lo demás comienza a transformarse.

Te ama,
Mamá

Tips para una actitud positiva

1. **Empieza el día con gratitud.** Agradece al despertar por lo que tienes, incluso por lo más sencillo. Esto prepara tu mente para enfocarse en lo positivo.

2. **Enfócate en lo que puedes controlar.** Deja de gastar energía en lo que no depende de ti. Actúa en lo que sí puedes cambiar.

3. **Encuentra la lección en cada reto.** Pregúntate: *¿Qué puedo aprender de esto?* Esa pregunta cambia la frustración por crecimiento.

4. **Rodéate de personas con energía positiva.** La actitud se contagia. Procura nutrirte de entornos y personas que te inspiren.

5. **Recuerda que todo pasa.** Las tormentas son temporales. Mantén la fe y sigue caminando.

6. **No alimentes la queja.** La queja es una forma de renunciar al poder. Cuando te sorprendas quejándote, haz una pausa y reemplázala por una afirmación positiva.

7. **Encuentra el propósito oculto en cada desafío.** No preguntes "¿por qué me pasa esto?", sino "¿para qué me pasa?".

8. **Respira antes de reaccionar.** En momentos de tensión o enojo, respira profundamente tres veces. La respiración te devuelve al presente y te ayuda a responder con sabiduría, no desde la herida.

Afirmación

Elijo ver la vida con gratitud y esperanza. Mi actitud es mi poder y con ella transformo cada día en oportunidad.

18.-Valórate

"Eres un diamante eterno. Aunque la vida
te cubra de polvo o te hiera con sus golpes,
tu brillo jamás se extingue,
porque tu verdadero valor nace de tu ser,
no de lo que el mundo te haga".

Querida hija,

A veces la vida, las decepciones o las palabras ajenas, pueden hacerte dudar de tu valor, pero cada vez que eso ocurra, quiero que te recuerdes esto:

Tu valor no depende de la opinión de nadie, ni de tus errores, ni de lo que has vivido… tu valor es intrínseco, eterno y viene directamente de la fuente que te creó.

Eres un ser único, irrepetible y lleno de dones. Por favor, hónrate como tal. No permitas que nadie, ni siquiera tus propias dudas, te hagan creer que vales menos de lo que eres: una joya sagrada creada a imagen y semejanza del poder divino.

Cuando te valoras, pones límites sanos, eliges relaciones que te nutren y tomas decisiones que honran tu bienestar. El respeto hacia ti misma, comienza por la forma en que tú te tratas. No esperes a que alguien más te diga lo que vales para reconocerlo.

El amor propio es la base de todas las decisiones importantes de tu vida. Cuando sabes lo que vales, no mendigas amor, no aceptas migajas y no te quedas en lugares donde tu alma se marchita.

Valorarse a uno mismo es reconocer que merecemos respeto, cuidado y oportunidades, y que tenemos derecho a decir "no" cuando algo no nos hace bien. También es reconocer nuestros errores con humildad, porque eso no nos quita valor, sino que nos da la oportunidad de crecer.

Si tú no te valoras, otros tampoco lo harán. Tu relación contigo misma marcará el estándar de cómo otros te tratarán. Aprende a ponerte en primer lugar sin culpa, porque cuidarte a ti misma es un acto de amor hacia ti y hacia quienes te rodean.

Amor mío, por favor, graba estas palabras en lo más profundo de tu corazón:

Eres valiosa. Eres sagrada. Eres irremplazable. En ti habita una luz que no puede ser apagada por ninguna oscuridad. Tu reflejo es tu verdad interior. Nadie puede hacerte sentir menos sin tu permiso. Así que nunca, nunca permitas que la voz del ego, las comparaciones o la crítica te hagan olvidar quién eres.

Eres única, irrepetible y absolutamente necesaria en este mundo. Tu existencia es un regalo. No lo olvides jamás.

Te ama,
Mamá

Tips para cultivar tu valor personal

1. **Háblate con amor.** Sé tu mejor amiga. Evita criticarte o juzgarte con dureza. Tus palabras internas crean tu realidad.

2. **Rodéate de quienes te eleven.** Aléjate de personas que no valoren tu esencia. Elige entornos que nutran tu alma.

3. **Celebra tus logros, aunque sean pequeños.** Cada paso que das es una victoria en tu camino. Reconócelo con alegría.

4. **Haz cosas que te hagan sentir orgullosa de ti.** Cumple tus promesas, pon límites sanos, elige desde el amor propio.

5. **Cuida tu cuerpo, tu mente y tu espíritu.** Honrarte también es darte lo mejor: buena alimentación, descanso, pensamientos positivos y momentos de conexión espiritual.

6. **Recuerda tu origen sagrado.** Visualiza que la divinidad te sostiene y te mira con amor cada día. Tu existencia es milagrosa.

7. **Haz una lista de tus cualidades.** Léela cuando te sientas insegura.

8. **Aprende a decir "no" cuando algo no te aporte paz.**

9. **Rodéate de personas que te recuerden tu valor.**

Afirmación

Soy hija de la Divinidad.
Soy valiosa.
Soy merecedora de amor, respeto y
abundancia.
Recibo con gratitud todo lo bueno
que la vida tiene para mí.

19.-Deja de ser la víctima

"Cuando tomas responsabilidad de tu historia, recuperas el poder de transformarla".

Uno de los actos más poderosos y transformadores que puedes hacer por ti misma es asumir plena responsabilidad por tu vida. Eso no significa culparte por lo que te ha sucedido, sino reconocer que tú tienes el poder de cambiar, transformar y sanar.

Cuando elegimos vivir en el papel de víctimas, le estamos diciendo al universo: *"No tengo poder. Todo lo que me pasa depende de lo que otros hacen o dejan de hacer"*. Y al pensar así, inconscientemente, te desconectas de tu esencia divina, de tu capacidad de crear, decidir y transformar tu historia.

Deja de contarte la historia de lo que te hicieron y empieza a escribir la historia de lo que tú decidiste hacer con eso. No puedes controlar lo que la vida te presenta, pero sí puedes elegir cómo lo enfrentas.

Amor mío, hemos crecido dentro de una cultura que glorifica el sufrimiento. Nos educaron —sin mala intención— en el chantaje emocional, en la culpa y en el drama heredado de generaciones de mujeres que no sabían cómo sanar.

Nuestras madres, y las madres de ellas, fueron criadas para resistir en silencio, para aguantar, para entregar su felicidad a los demás. Muchas de ellas aprendieron a amar desde la carencia, y sin saberlo, nos enseñaron a confundir amor con sacrificio, atención con dolor y entrega con olvido de sí misma.

A esto se sumó el eco de las telenovelas, las canciones que celebran el desamor, las películas donde la heroína llora, sufre y luego "vence" a través de la venganza.

Todo ese bombardeo emocional nos enseñó —sin palabras— que ser víctima era una forma de sentirnos importantes, de obtener atención, de que alguien finalmente nos viera.

Aprendimos que llorar era más aceptado que decir "no", y que el dolor era un lenguaje de amor. Pero, amor mío… llegó el momento de despertar. Nadie puede sanarte, salvarte ni repararte más que tú misma.

El verdadero crecimiento comienza cuando te atreves a ver de frente tus heridas sin buscar culpables, y eliges conscientemente no repetir los viejos guiones del drama.

Cuando asumes responsabilidad, no niegas el dolor; lo trasciendes. Dejas de ser espectadora y te conviertes en la autora de tu propia historia.

Es natural que, cuando hemos sido lastimadas o atravesamos momentos difíciles, sintamos enojo o tristeza; pero si permaneces demasiado tiempo ahí, te encadenas a ese sufrimiento y pierdes tu poder personal.

Tú no viniste a esta vida a sufrir; viniste a aprender, a crecer, a amar y a despertar. Cada vez que asumes tu responsabilidad, estás diciendo: "Yo soy la creadora de mi realidad. Yo elijo cómo vivir". Y esa es la actitud que transforma el destino.

Cuando dejas de buscar culpables y empiezas a mirarte con honestidad, tu alma da un salto evolutivo y tu corazón se libera de cadenas invisibles.

Recuerda, eres más fuerte de lo que crees. Tienes dentro de ti todo lo que necesitas para sanar, crecer y florecer.

Toma tu historia con ambas manos, escríbela con amor, con conciencia y responsabilidad, y conviértela en el testimonio más hermoso de tu alma despierta.

Hija, la vida te presentará retos, algunos tan duros que sentirás que no puedes con ellos. Es normal que haya momentos de dolor, tristeza o enojo. Pero no te quedes ahí. Cuando nos colocamos en el papel de víctima, entregamos las llaves de nuestra paz a las manos de otros.

Ser víctima es quedarse atrapada en el "¿por qué a mí?" y vivir desde la queja constante. Pero cada vez que decides tomar responsabilidad de tus pensamientos, de tus palabras y de tus acciones, te liberas. No es negar lo que ocurrió ni justificar a quien te lastimó. Es elegir no quedarte atada a ese dolor.

Recuerda siempre que tú no eres lo que te pasó. Eres lo que eliges ser después de lo que te pasó, y ahí radica tu fuerza.

Cuando cambias tu enfoque de "me dañaron" a "aprendí y crecí", conviertes una herida en una cicatriz que cuenta tu historia de superación. La vida no siempre será justa, pero siempre puedes elegir cómo responder. Eso, hija mía, es lo que te hará verdaderamente libre.

No dejes que tu pasado robe tu presente. Tú no eres una víctima: eres la creadora de tu camino, y en esa certeza… está tu mayor fortaleza.

1. **Hazte preguntas poderosas.** En vez de decir "¿Por qué me pasa esto?", pregúntate: *"¿Para qué está ocurriendo esto en mi vida?"* Esa pregunta te lleva directo al aprendizaje.

2. **Evita culpar a otros.** Aun si alguien te hizo daño, tu sanación depende solo de ti. No les des el poder de controlar tu paz.

3. **Sé honesta contigo.** Observa tus pensamientos, palabras y acciones. ¿Estás actuando desde el amor o desde el miedo?

4. **Transforma la queja en acción.** Cada vez que te sorprendas quejándote, haz una pausa y piensa: *¿Qué puedo hacer yo para mejorar esta situación?*

5. **Cultiva tu poder personal.**
Reconoce tus dones, tus decisiones pasadas, tus aciertos y tus aprendizajes. Celebra cada paso de tu camino, incluso los más pequeños.

6. **Rodéate de personas responsables.** La responsabilidad también se contagia. Estar cerca de personas que asumen su vida con madurez te inspira a hacer lo mismo.

7. **Agradece tu historia.** Cada capítulo, incluso los dolorosos, te ha traído hasta aquí. Y tú, mi amor, eres una obra maestra en construcción.

8. **Cambia el lenguaje.** Evita frases como "me hicieron", "no puedo", "la vida es injusta". Sustitúyelas por "yo elijo", "yo decido", "yo aprendo". El poder comienza en las palabras que te dices.

9. **Aprende a responder, no a reaccionar.** Antes de culpar o justificarte, respira y pregúntate: *¿qué parte de esto puedo transformar?* Esa pausa consciente es el puente hacia la madurez emocional.

10. **Practica la auto responsabilidad diaria.**
Cada mañana, repite: *"Hoy soy responsable de mi energía, mis pensamientos y mis decisiones".* Esa intención te mantendrá en tu centro.

Afirmación

Elijo ser creadora de mi realidad.
Suelto el papel de víctima y tomo mi
poder con amor y conciencia.

20.-Recupera tu poder. Cree en ti y florece

"Cuando crees en ti, el ruido del mundo se disuelve en el silencio de tu certeza".

Querida hija,

En este camino de la vida, muchas voces intentarán decirte quién eres, qué deberías hacer o cómo deberías sentirte. Algunas lo harán desde el amor… pero muchas lo harán desde sus propias heridas.

Con frecuencia, solemos vivir en función de lo que otros piensan. Pasamos tanto tiempo preguntándonos si agradamos, si hacemos lo correcto, si estamos siendo juzgadas… que nos olvidamos de vivir desde el corazón.

Cuando te preocupas por las opiniones ajenas, estás cediendo tu poder. Estás permitiendo que sean los demás quienes dirijan tus decisiones, tu felicidad, tus pasos, y esto, eso es algo muy injusto… porque nadie puede ver con la claridad de tu alma lo que tú has venido a ser. Y nadie —nadie— merece tener ese control sobre ti.

Si permitimos que sea el ego el que nos guíe, nos desgastaremos buscando una aprobación constante, ya que nos obsesionamos con caer bien, con encajar, con no decepcionar; pero ese es un juego sin fin y sin alma. Es una trampa que te aleja de tu verdadera esencia.

Las críticas, los juicios, las burlas o palabras que otros lanzan hacia ti no definen tu valor, sólo revelan lo que hay dentro de ellos. Muchas veces son reflejo de heridas no sanadas, de inseguridades proyectadas, de corazones desconectados de su propia luz, que no saben cómo sanar su dolor. En vez de caer en su juego, eleva tu vibración. Evita estancarte en el campo de batalla del ego. No te tomes nada personal. Sólo tú decides qué pensamientos entran en tu templo interior. Recuerda: el juicio de los demás solo tiene el valor que tú le das. Eres libre de ignorarlo y seguir tu propio camino.

Sé fiel a tu alma, no a las expectativas ajenas. Tú estás hecha para la luz, no para esa lucha sin sentido.

El verdadero acto de amor propio, es creer en ti incluso cuando nadie más lo hace. Caminar firme incluso entre murmullos. Abrazar tu autenticidad incluso cuando otros no la entienden.

Cree en tu intuición. Confía en tu alma. No necesitas aprobación para ser valiosa. No necesitas encajar para ser suficiente. No viniste a esta vida para agradar a todos; viniste para brillar en tu propia frecuencia.

No todos sabrán valorar tu esencia, pero quien tenga el alma despierta, la reconocerá de inmediato. Nunca cambies tu canto para agradar a quien no sabe escuchar.

Fortalece cada día la relación contigo misma. Mírate al espejo con ternura, reconoce tus virtudes, abraza tus imperfecciones. Cuando sabes quién eres, lo que otros digan deja de tener poder. Tu autoestima se convierte en tu escudo y tu corazón en tu hogar seguro.

Cree en ti, aunque tiemble el suelo bajo tus pies. Porque la fe más poderosa no es la que tienes en el poder creador, sino la que el poder creador tiene en ti, cuando actúas desde tu corazón.

Te ama,
Mamá

Tips para fortalecer tu confianza

1. **Repite mantras y afirmaciones de poder personal.** Di cada día: "Yo soy suficiente tal como soy. Me libero de la necesidad de aprobación. Soy fiel a mi verdad".

2. **Haz silencio interior y recuerda tu propósito.** La crítica externa sólo hace eco si dentro de ti hay inseguridad. Medita. Respira. Escucha tu alma recordándote que viniste a florecer, a sanar, a expandir luz. No dejes que las sombras ajenas nublen tu misión.

3. **Rodéate de personas que eleven tu energía.** Quien te ama no te juzga, te impulsa. Busca almas que te recuerden tu valor, no que lo cuestionen.

4. **Celebra tu autenticidad.** Haz una lista de todo lo que te hace única. Agradece por cada una. Recuerda que tu rareza es tu regalo.

5. **Pon límites con amor.** Aprende a decir: *"Gracias por tu opinión, pero yo confío en mi camino".* No necesitas confrontar, sólo marcar tu espacio sagrado.

6. **Haz cosas que te llenen de seguridad.** Aprende algo nuevo, termina un proyecto, expresa tu creatividad. Cada acto que te conecta contigo, debilita el poder del qué dirán.

7. **Nadie puede vivir tu vida por ti.** Las críticas y juicios son reflejos de las percepciones ajenas, no de tu verdad. Nadie más lleva tu historia, tus aprendizajes ni tu propósito. Aprende a agradecer los consejos sin entregar tu poder personal.

8. **Deja de buscar aprobación, busca coherencia.** La verdadera paz llega cuando tus pensamientos, emociones, palabras y acciones vibran en

la misma frecuencia. Cuando eres fiel a ti misma, la aprobación deja de ser necesaria.

9. **Transforma la crítica en impulso.** Cada vez que alguien dude de ti, sonríe y toma eso como combustible para crecer. Deja que sus palabras sean viento, no cadenas. Usa su escepticismo como motivación silenciosa para seguir avanzando con más fuerza.

10. **Conecta con lo divino en ti.** Cree en ti no solo por tus capacidades humanas, sino porque reconoces que la chispa divina habita en tu interior. Cuando recuerdas que eres expresión del universo, la opinión del mundo se vuelve insignificante.

Afirmación

Confío en mi luz interior. Sigo el latido de mi alma, aunque el mundo no lo entienda.

21.-Ser feliz es una elección

"La felicidad es un amanecer interior; se enciende desde el alma cuando decides ver la vida con gratitud".

Querida hija,

La felicidad no es algo que se encuentra afuera… es algo que se despierta dentro de ti. No vive en un lugar, en una persona, en un logro o en un momento perfecto; la felicidad es un estado del alma que eliges habitar, incluso cuando la vida no se ve como imaginaste. Es un acto íntimo, consciente y profundamente espiritual.

Dentro de ti existe todo lo necesario para ser feliz. El poder creador sembró en tu alma dones, fortalezas y una chispa divina capaz de transformar la manera en la que ves y vives cada experiencia. No siempre podrás elegir lo que ocurre en el mundo externo, pero siempre tendrás el poder de decidir cómo interpretarlo, cómo recibirlo y cómo continuar. Ahí, amor mío, reside tu libertad.

Ser feliz es elegir ver lo luminoso incluso cuando el camino se nubla. Es encontrar belleza en un amanecer después de una noche difícil o permitirte sonreír aun cuando tus ojos guardan lágrimas. No se trata de negar el dolor ni de fingir que todo está bien, sino de sostener tu luz encendida en medio de la tormenta. La verdadera felicidad no evita la oscuridad… la trasciende.

Cuando aprendes a crear tu felicidad desde adentro, te liberas de depender de otros para sentir bienestar. Comprendes que ninguna persona, logro o circunstancia tiene la responsabilidad de completarte. Tu plenitud nace de la relación que tienes contigo: de tu gratitud, tu paz interior, tu manera de abrazar cada día.

Hija, la felicidad es una elección diaria, especialmente en los días en los que parece más difícil. A veces esperamos que algo externo cambie para sentirnos bien: que llegue el fin de semana, que las finanzas mejoren, que todo esté perfectamente en orden; pero esos momentos tan ideales no siempre se alinean.

La verdadera felicidad no depende de condiciones perfectas, sino de la mirada que eliges cultivar. Es agradecer incluso cuando falta algo. Es encontrar belleza en lo cotidiano: en una conversación, en un silencio, en una taza de café caliente entre tus manos. Es entender que la vida, con todos sus matices, es un milagro que merece ser honrado.

Ser feliz es abrazar tu camino con sus claros y oscuros, y permitir que cada experiencia te enseñe algo. Es recordar que no puedes controlar todo lo que sucede, pero sí puedes controlar tu respuesta, tu actitud, tu apertura y tu fe. La interpretación que elijas darle a cada momento es el pincel con el que pintas el lienzo de tu vida.

Cuando comprendas que la felicidad es una decisión consciente, dejarás de esperar a que llegue… y empezarás a crearla. No esperes a que la vida sea perfecta para sonreír; sonríe, y poco a poco la vida comenzará a acomodarse en armonía con esa energía.

Hija, que tu luz interior sea más fuerte que cualquier nube pasajera. Tu alma ya sabe ser feliz… solo necesita que tú le recuerdes cada mañana que eliges la alegría, la paz y la gratitud.

Te ama,
Mamá

Tips para elegir ser feliz

1. Practica la gratitud consciente. Agradece por todo y por todos. La gratitud entrena tu mente para ver lo luminoso.

2. Elige pensamientos que te eleven. Cuando notes un pensamiento negativo, detente y cámbialo por uno que te fortalezca. La calidad de tus pensamientos determina tu estado emocional.

3. Rodéate de personas que sumen. Tu energía es sagrada. Elige relaciones que te inspiren, que te respeten y que te recuerden quién eres.

4. Encuentra belleza en lo cotidiano. Un atardecer, una brisa suave, un rayo de sol… Cuando tu alma se acostumbra a ver lo simple como milagroso, la felicidad se vuelve natural.

5. Practica el estar presente. Evita perderte en el pasado o en el futuro. Respira, siente, observa el aquí y ahora. La felicidad vive en el presente.

6. Suelta lo que no puedes controlar. La resistencia crea sufrimiento. La aceptación trae paz. Haz tu parte… y confía.

7. Haz una cosa al día que te haga bien. Leer, caminar, escribir, meditar, bailar, descansar. Pequeños actos diarios sostienen una vida plena.

8. Háblate con cariño. Tu diálogo interno crea tu realidad interna. Trátate como lo que eres, lo más importante en tu vida.

9. Evita comparaciones. Tu camino es único. Compararte es robarle luz a tu propia historia.

10. Elige tu energía cada mañana. Pregúntate: "¿Cómo elijo sentirme hoy?" La felicidad empieza con una intención.

Afirmación

*Elijo ser feliz desde mi interior.
Enciendo mi luz, honro mi alma y
permito que la gratitud guíe cada uno
de mis pasos.*

22.-Sé fiel a ti misma

*"Ser fiel a ti misma es el acto más valiente de amor.
Porque cuando te eliges, el universo entero
conspira para honrarte".*

Querida hija,

Hay una voz dentro de ti llena de sabiduría. Es suave, honesta y constante. No grita, no exige… susurra. Es la voz de tu alma. Ser fiel a ti misma significa aprender a escucharla incluso cuando el mundo te empuje en otra dirección, incluso cuando la corriente parezca más fuerte que tus convicciones.

A lo largo del camino, te encontrarás con muchas voces que te dirán hacia dónde ir, quién deberías ser, qué deberías hacer, cómo deberías comportarte, qué deberías sentir. Y entre tantas voces, puedes llegar a confundirte y a olvidarte de la más importante: la tuya. Por eso te pido que nunca dejes de ser fiel a ti misma; que no te acomodes por miedo a perder ni te adaptes por necesidad de pertenecer. Jamás te traiciones por complacer a otro. La única relación que te acompañará todos los días de tu vida… eres tú, así que no pongas tu bienestar en segundo plano para agradar. No calles tus emociones para no incomodar ni te vistas con máscaras que no son tuyas. Tu verdad es un tesoro. Protégela. Y si no te eres leal, ¿a quién más podrías serlo? La fidelidad comienza en casa; en tu corazón.

Ser fiel a ti misma no significa ser egoísta ni vivir desde el orgullo; significa reconocerte, escucharte y respetarte. Significa tomar decisiones desde tu centro, no desde el miedo ni desde la necesidad de aprobación.

La vida te ofrecerá muchos senderos, y algunos parecerán más fáciles si renuncias a lo que sientes, si cedes a lo que los demás esperan, pero cada vez que lo hagas, una pequeña parte de ti se apagará, y tu paz interior se irá desvaneciendo. La fidelidad a uno mismo no siempre se premia con aplausos; a veces se paga con soledad temporal o con miradas que no comprenden, pero a largo plazo, es la semilla de la verdadera libertad, de la integridad y del respeto propio.

Ser fiel a ti misma significa vivir en coherencia con tu verdad interior, incluso si esa verdad evoluciona con los años. Es también una forma profunda de respeto. Respeto por tu esencia, por tus límites, por tu historia y por tus sueños. Cuando te respetas, envías al universo un mensaje poderoso: *"Soy digna de amor, de coherencia y de verdad"*. Ese respeto se convierte en una brújula que te guía incluso cuando las dudas te nublan la vista.

El respeto propio no se impone; se construye día a día con pequeños actos de amor hacia tu persona: cuando dices "no" sin culpa, cuando te apartas de lo que te lastima, cuando defiendes tu paz, cuando eliges lo que nutre tu alma en lugar de lo que complace a otros. Mas, ten presente que esa lealtad nunca debe convertirse en un pretexto para herir a los demás. Todo acto hecho desde el amor propio genuino también es un acto de respeto hacia el prójimo. Nunca pises a alguien para avanzar. El universo es sabio y siempre devuelve lo que se siembra.

Sé impecable en tus pensamientos, palabras y acciones. Sé firme, pero compasiva. Sé libre, pero consciente. La verdadera aceptación empieza en ti. No necesitas cambiar para ser aceptada. No necesitas fingir para ser querida. Cuando te aceptas con todo tu ser —con tus luces y tus sombras—, atraes a quienes resuenan con tu autenticidad. Y quien te ame de verdad… te amará por ser tú.

En algunas ocasiones, cambiarás de opinión, de dirección o de propósito, y eso también es fidelidad: fidelidad a tu crecimiento, a tu transformación, a tu autenticidad cambiante. Y si alguna vez te sientes confundida o insegura, recuerda que el respeto es la base del amor. Sin respeto por ti misma, el amor se vuelve dependencia o miedo; pero con respeto, el amor florece en libertad, confianza y plenitud.

Ser fiel a una misma no es rebelarse contra el mundo, sino abrazar con humildad lo que uno realmente es. Una flor no necesita compararse ni cambiar; su simple existencia, en coherencia con su naturaleza, es suficiente para iluminar el jardín entero. Así ocurre con el alma: cuando vive en autenticidad, irradia una belleza que trasciende las apariencias y el mundo entero se alinea con tu verdad.

Te ama,
Mamá

Tips para ser fiel a ti misma

1. **Escucha tu voz interior.** Es la brújula más sabia que tienes.

2. **Pon límites con amor.** Decir "no" también es una forma de decir "sí" a tu bienestar.

3. **Evita compararte.** Tu camino es único y no puede medirse con los pasos de otro.

4. **Sé coherente entre lo que dices, sientes, piensas y haces.** La armonía interior nace de la congruencia.

5. **Rodéate de personas que respeten tu autenticidad.** Quien te ama de verdad no necesita que cambies para merecer su afecto.

6. **Celebra tu esencia.** No temas ser diferente. Lo que te hace única es tu mayor fortaleza.

7. **Agradece tus decisiones.** Incluso las equivocadas te han enseñado a conocerte mejor.

Afirmación

Me respeto, me escucho y me elijo con amor.
Vivo en coherencia con mi alma y soy
fiel a mi verdad más profunda.

23.-Vive en el presente… estando presente

*"El ahora es el único instante real.
Lo demás son ecos o ilusiones".*

Querida hija,

En un mundo que te empuja a correr, a distraerte, a mirar siempre hacia afuera, se ha ido perdiendo lo sagrado que es detenernos a disfrutar cada momento con calma. A saborear los regalos que nos da la vida… esos que solo pueden sentirse cuando estamos realmente presentes. Porque el ahora, hija, es un regalo. Es donde está tu poder. Es donde reside tu alma y es también el único lugar donde verdaderamente vive la vida.

Vivimos rodeados de notificaciones, imágenes editadas y conversaciones digitales. Todo parece urgente, inmediato, efímero; pero la vida no está en una pantalla… la vida está ocurriendo ahora mismo, a tu alrededor. En la brisa que acaricia tu rostro, en la sonrisa de quien te ama, en la taza de té caliente entre tus manos, en el canto de un pájaro que rompe el silencio del amanecer.

Todo eso está esperando por ti, pero si tu mente vaga entre lo que ya pasó o lo que aún no llega, te pierdes lo más valioso… la vida que sucede ahora mismo.

Estar presente no es solo ocupar un espacio físico; es estar con el corazón despierto, la mente enfocada y el alma consciente.

Cuando vives de esa manera, la vida adquiere otra textura. Los colores se intensifican, los sonidos tienen profundidad, las emociones se sienten más verdaderas y tu espíritu descansa porque ha vuelto a casa.

Hoy sabemos que cuando tu atención está fragmentada —saltando de una notificación a otra, de un pensamiento a otro—, la mente se agota y el alma se dispersa; pero cuando decides volver al presente, algo mágico ocurre. La respiración se hace más lenta, el cuerpo se relaja y la mente entra en sintonía con el corazón. Ese equilibrio es medicina para el alma.

Estar presente no solo calma tu espíritu… fortalece tu salud, tu claridad y tu paz interior. Recuerda, mi amor: el pasado ya no está, y el futuro aún no existe. Solo tienes este instante… y en él, lo tienes todo.

El ahora es el lugar donde la divinidad habita, donde los milagros se gestan, donde tu alma respira profundo y susurra: *"Estoy viva"*. Así que vive, no como si el momento fuera algo por llenar o pasar, sino como si cada segundo fuera una joya eterna que solo puedes sostener una vez. Y tú mereces vivirlo plenamente.

Muchos cargan el pasado como una mochila llena de piedras: errores, culpas, heridas o duelos no resueltos. Pero, amor mío, el pasado ya se fue. No estás ahí. No vives ahí.

El pasado fue un maestro, no una cárcel. Toma la lección y suelta el peso. No eres tus errores. No eres tus momentos difíciles. Eres lo que has elegido hacer con ellos.

El futuro… el bendito futuro. Ese fantasma que roba la paz con sus mil escenarios imaginarios. No lo temas, ni te adelantes. El futuro es como una flor que aún no ha brotado. No la obligues a abrirse antes de tiempo. Concéntrate en regar tu ahora y florecerá cuando deba.

Recuerda, hija mía: la vida solo sucede aquí, en este instante. Cada respiración es una nueva oportunidad para comenzar de nuevo, para mirar con gratitud lo que tienes, y para habitarte por completo.

Vivir en el presente no significa olvidar el pasado ni ignorar el futuro, sino comprender que ambos solo encuentran sentido cuando los miras desde el ahora.

El presente es el puente entre lo que fuiste y lo que serás, y solo al cruzarlo conscientemente, la vida se convierte en un acto sagrado.

Te ama,
Mamá

Tips para cultivar presencia plena

1. **Haz pausas conscientes.** Durante el día, detente unos segundos, cierra los ojos y siente tu respiración. Repite mentalmente: Estoy aquí. Estoy viva. Este momento es un regalo.

2. **Observa tu entorno.** Mira los detalles: los colores, las texturas, los sonidos. Conviértete en testigo de la belleza cotidiana.

3. **Desconéctate para reconectarte.** Establece momentos sin celular ni pantallas. Usa ese tiempo para caminar, leer, escribir o simplemente respirar.

4. **Haz una cosa a la vez.** Cuando comas, solo come. Cuando escuches, solo escucha. Entrena tu mente para no dividirse.

5. **Medita o respira conscientemente.** Aún 5 minutos al día bastan para volver al centro. La respiración es el puente hacia el ahora.

6. **Habla contigo con presencia.** Mírate con dulzura. Si te descubres divagando, llámate suavemente al presente: *"Regresa, mi amor. Aquí estamos. Aquí es donde la vida sucede"*.

7. **Cierra el día con gratitud.** Antes de dormir, recuerda tres momentos del día que disfrutaste plenamente. Eso entrena tu mente para habitar más en el presente y menos en la preocupación.

8. **Observa tus pensamientos.** Cada vez que tu mente empiece a divagar, regrésala al ahora. Hazlo cuantas veces sea necesario. Esto te ayudará a entrenarla para estar más presente.

Afirmación

Me permito estar en el ahora.
El momento presente es mi santuario
y en él, me encuentro con Dios.

24.-Honra tu cuerpo

"Tu cuerpo es el altar donde la vida enciende su llama; cuídalo con ternura, porque en él descansa la eternidad de tu espíritu".

Querida hija,

Tu cuerpo es el templo de tu alma. Es el vehículo que te permite vivir experiencias, abrazar, reír, correr, soñar y amar. Sin él, no podrías experimentar la vida. Honrar tu cuerpo es cuidarlo con amor. No se trata de buscar la perfección externa, sino de reconocerlo como la casa sagrada que alberga a tu espíritu.

Cuando cuidas tu cuerpo, no solo te cuidas a ti, honras la vida que te fue otorgada y agradeces el milagro de estar aquí. Por eso es tan importante que lo honres y lo cuides con amor.

No se trata de buscar una apariencia perfecta según los estándares de otros, sino de reconocerlo como un regalo único. Es alimentarlo con comida que lo nutra, darle el descanso que necesita, moverlo para que se mantenga fuerte y escuchar sus señales.

Cada malestar, cada cansancio, cada dolor es un mensaje que tu cuerpo te envía. Si lo escuchas y le das lo que necesita, te responderá con energía, vitalidad y salud.

Nuestro cuerpo es el templo del Dios vivo que se manifiesta en cada latido del corazón. Es el Santuario de la Divinidad y, por ello, debes tratarlo con gran respeto.

Pon especial atención a la forma en que lo alimentas, tanto física como mental, emocional y espiritualmente, ya que no solo te alimentas con lo que comes, sino también con lo que piensas, sientes, ves, escuchas y repites.

No basta con comer sano si tu mente está saturada de pensamientos tóxicos, si tu corazón está lleno de enojo no expresado, o si tu espíritu está apagado por falta de conexión.

Cuando hablas mal de ti, tu cuerpo lo escucha. Cuando te castigas con juicios, se debilita. Cuando lo ignoras, lo resiente, pero cuando lo miras con amor, lo acaricias con cuidado y lo nutres con conciencia… florece.

Todo en ti está interconectado. Por eso, sé consciente de lo que consumes con los ojos, con los oídos y con el alma. Elige conversaciones que eleven, imágenes que inspiren, emociones que sanen. Evita permanecer en lugares donde tu paz se vea amenazada o en los que tu energía disminuya. Rodéate de gente que vibre en armonía contigo, y también sé tú esa presencia que irradia bienestar y luz. Expresa tus emociones; libera sentimientos destructivos, perdona, suelta y confía con fe plena. Enfócate en cosas que ayuden a tu evolución y a la reconexión con la pureza de tu verdadera esencia, el amor.

Amor de mi alma, tu cuerpo no es solo carne y huesos. Cada célula tuya vibra con inteligencia sagrada, cada latido es una melodía de vida tejida por la divinidad. Dentro de ti habita lo eterno.

Honrar tu cuerpo es honrar el hogar que Dios eligió para manifestarse a través de ti; es recordarte cada día que eres un canal de luz y, como tal, mereces respeto, cuidado, amor y presencia.

Tu salud, tu energía y tu belleza, reflejan el equilibrio interno entre cuerpo, mente, alma y emoción. No te castigues por cómo te ves; ámate por todo lo que eres y desde ese amor, elige con sabiduría lo que permites entrar en ti.

Cuídalo como cuidas algo sagrado. El cuerpo te sostiene en esta experiencia terrenal. Y aun cuando no sea perfecto según los estándares del mundo, sí lo es para tu propósito de vida.

Ámate como la divinidad te ama: sin condiciones, sin juicios, con total entrega. Esto no es un acto de vanidad; es un acto de devoción.

Cuídalo no por miedo, sino por amor. Respétalo no por imposición, sino por conciencia. Abrázalo no por obligación, sino porque es el regalo más grande que se te ha dado para habitar esta vida.

Recuerda: eres sagrada. Tu cuerpo lo es también. Trátalo como tratarías a un altar y verás cómo florece tu luz.

Te ama,
Mamá

Tips para honrar tu cuerpo

1. **Aliméntate con conciencia.** Come con amor. Elige lo que te nutre, no lo que anestesia tus emociones.

2. **Muévete con gratitud.** No para castigar al cuerpo, sino para celebrarlo. Camina, baila, estírate, respira.

3. **Filtra lo que consumes con tus sentidos.** Escucha música que eleve, ve contenido que inspire. Las imágenes y los sonidos también te alimentan o te contaminan.

4. **Ríndete al descanso.** Dormir bien es un acto de amor propio. Tu cuerpo se repara, tu alma se renueva.

5. **Exprésate emocionalmente.** Llora si lo necesitas. Perdona. Abraza tu vulnerabilidad. Tu cuerpo guarda lo que callas.

6. **Háblate bonito.** Mírate al espejo y di: "Gracias por sostenerme. Eres digno de amor y cuidado".

7. **Medita y reconéctate.** Tu cuerpo es el puente entre el cielo y la tierra. A través de él puedes volver al presente, al alma, a lo divino.

8. **Alimenta tu cuerpo con amor.** Come lo que te dé energía vital, no lo que solo llene un vacío emocional.

9. **Cuida lo que piensas.** Tu mente crea tu realidad. Sé selectiva con tus pensamientos y cámbialos cuando no te sirvan.

10. **Sana tu corazón.** Libera emociones guardadas… no cargues lo que puedes soltar.

11. **Fortalece tu espíritu.** Conéctate con la naturaleza, agradece, escucha tu voz interna. Ahí habita tu divinidad.

12. **Rodéate de buena energía.** Gente que te apoye, ambientes que te inspiren, palabras que te eleven. La calidad de tu entorno afecta tu bienestar.

Afirmación

*Mi cuerpo es el templo
de la divinidad.
Lo amo y lo honro con devoción.*

25.-Tu verdadera esencia es el amor

"Amarte es recordar lo que el mundo
olvidó enseñarte: que eres sagrada,
poderosa y profundamente
digna de amor".

Querida hija,

En la vida habrá ocasiones y situaciones que podrán hacerte dudar de tu valor o tus capacidades. Tal vez llegarás a sentir que no eres merecedora de algo bueno por sentimientos de culpa, miedo a alguna creencia que hayas aceptado como cierta. Cuando sientas que la vida te arrastra, que las decepciones, el dolor o el miedo intentan apagar tu luz, toma un instante y respira profundo, porque ese es justo el momento de volver a tu corazón.

Ahí encontrarás la voz de la divinidad recordándote tu verdadera esencia. Recordándote que eres amor puro, infinito y eterno. Sí, amor mío, tu verdadera esencia es el amor.

A veces, enfrascados en los conflictos, nos olvidamos de qué estamos hechos, pero el amor sigue ahí, intacto, esperando que lo reconozcas y lo dejes brillar.

Cuando actúas, piensas y sientes desde el amor, entras en armonía con tu verdadero ser y con la divinidad que habita en ti. Tomas decisiones que elevan tu vida y la de los demás.

El amor es tu brújula más certera, tu ancla en las tormentas y la llave que abre cualquier puerta. Es la fuerza con la que fuiste creada y el hilo invisible que te conecta con cada ser, con la naturaleza, con el universo y con Dios.

Vivir desde el amor no significa permitir abusos o injusticias; al contrario, significa amarte lo suficiente para poner límites sanos y tratar a los demás con respeto y compasión.

Hija, te pido que recuerdes que tu valor no depende del amor de otros. No se negocia ni se condiciona. Eres un ser de luz y amor y para mantenerte vibrando en esa frecuencia, te debes de alimentar de esa misma energía pura y hermosa.

Generalmente estamos esperando encontrar un ser especial que nos ame y se convierta en parte esencial de nuestra vida, pero para que esto suceda, tenemos que empezar por nosotros, ya que cuando aprendemos a ver y amar nuestra grandeza, tenemos resonancia con seres con la misma capacidad de amar, con los que podremos vivir relaciones sanas y armoniosas.

A lo largo de tu vida, encontrarás muchas personas que te amarán, otras que no sabrán cómo hacerlo y algunas que incluso intentarán apagar tu luz. Pero ninguna de esas experiencias será tan determinante como la relación que tengas contigo misma. Así que cada vez que dudes, vuelve a tu corazón. Ahí encontrarás la voz de la divinidad que te recordará quién eres.

Eres amor en forma humana. Eres un fractal de la luz que crea mundos, hecha a la imagen y semejanza del Poder Creador. Mereces amarte sin condiciones, sin miedo, sin medida.

Ámate, hija. Ámate mucho. Ámate como nunca nadie lo ha hecho. Porque el amor verdadero no comienza fuera… comienza en ti.

Te ama,
Mamá.

Tips para cultivar el amor propio

1. **Mírate a los ojos frente al espejo cada mañana y di:** "Soy amor. Soy suficiente. Soy digna". Al principio puede costar… pero repítelo hasta que tu alma lo crea.

2. **Escribe una carta de amor a ti misma.** Habla como hablarías a alguien que amas profundamente. Hazlo con dulzura y verdad.

3. **Haz una lista de las cosas que amas de ti.** Y sí, inclúyelas todas: físicas, emocionales, espirituales. Vuelve a esa lista cada vez que lo necesites.

4. **Rodéate de personas que te inspiren a amar más y mejor.** Que reflejen tu valor, no que te lo cuestionen. Tu entorno también es una forma de amor propio.

5. **Antes de actuar o hablar, pregúntate:** *"¿Esto viene desde el amor o desde el miedo?".*

# Afirmación

*El amor es mi esencia y
lo dejo fluir en cada pensamiento,
palabra y acción.*

26.-Eres un ser de luz dotado de dones divinos

*"Tus talentos no son para competir.
Son para compartir lo que
el alma vino a entregar".*

Querida hija,

Eres un ser de luz dotado de dones y talentos maravillosos. Sí, habitan en ti. Están ahí, como joyas sagradas, esperando ser descubiertas y pulidas por la experiencia. Tu misión es reconocerlos, valorarlos… y ofrecérselos al mundo con amor. No importa cuán grandes o pequeños parezcan; no importa si otros los comprenden o no. Tus talentos son expresiones del Espíritu, regalos divinos que, al ser puestos en práctica, honran el propósito por el cual tu alma eligió venir a esta vida.

Los talentos no son fruto del azar; son huellas del alma, memorias de sabidurías que has cultivado a lo largo de muchas existencias. Desde que llegaste a este mundo, trajiste contigo capacidades especiales. Algunas se manifiestan con claridad —tu creatividad, tu intuición, tu sensibilidad para comprender el alma de otros, tu facilidad para enseñar, cuidar, crear o inspirar—. Otras permanecen en silencio, esperando ser reconocidas cuando llegue el momento exacto. Pero todas, sin excepción, son expresiones vivas del amor divino, obrando a través de ti.

A veces creemos que los dones deben ser grandiosos o espectaculares, pero la verdad es que muchos se esconden en lo simple y cotidiano. Escuchar con empatía, hacer reír, cuidar con ternura, cocinar con intención, sembrar árboles, escribir palabras que sanan o simplemente ver la belleza donde otros no la ven… también son formas de talento.

Si alguna vez sientes que no sabes cuáles son tus dones, detente un momento y escúchate.

Pregúntate:

- •¿Qué actividad me hace sentir viva, en paz y alineada?

- •¿Qué puedo hacer durante horas sin sentir cansancio?

- •¿Qué solía disfrutar de niña cuando el tiempo desaparecía?

- •¿Qué elogian los demás en mí, incluso cuando yo lo paso por alto?

Esas respuestas son llaves. Te conducirán hacia la puerta de tus verdaderos talentos.

Recuerda que todo don florece cuando se comparte. Si lo ocultas, se marchita; si lo entregas con amor, se multiplica y se transforma en bendición. Cuando pones tus talentos al servicio del mundo, no solo brillas tú, también iluminas el camino de otros. Así, tu vida se convierte en un acto de servicio y expansión espiritual.

No temas equivocarte. Tu alma no vino a impresionar, vino a expresarse. No vino a competir, vino a crear. No vino a ser perfecta, vino a evolucionar. Cada intento, cada creación, cada paso, es una danza entre tu alma y la energía divina que te habita. Eres canal. Eres instrumento del amor creador. Eres una chispa de lo infinito manifestándose en forma humana. Viniste equipada con la materia prima para crear belleza, servicio y evolución.

Sin embargo, recuerda también que no todos brillamos de la misma manera. Cada alma tiene su propio lenguaje. Algunos expresan su luz a través del arte; otros, mediante la ciencia, la palabra, el silencio o la compasión. No compares ni critiques. La flor de loto no compite con la rosa; ambas florecen según su propio ritmo y ambas embellecen el jardín del universo.

Honra tus dones y también los de los demás. Cuando celebras el talento ajeno, reconoces la unidad que nos conecta a todos. Porque en verdad, los dones individuales son como notas de una misma melodía divina. Juntos, formamos una sinfonía de amor, creatividad y conciencia que eleva la vibración del mundo.

Así como el maestro ilumina con su sabiduría y el jardinero con su cuidado, tú iluminas cada vez que usas tus talentos con propósito, humildad y gratitud.

Amor mío, tu existencia ya es un don. Tu luz ya es un regalo. Y tu misión es simplemente dejar que esa luz brille, sin miedo y sin reservas, para que otros también recuerden la suya.

Te ama,
Mamá

Tips para descubrir tus dones

1. Haz una línea del tiempo de tu infancia a hoy. ¿Qué hacías de niña que amabas? ¿Qué actividades repites hasta hoy?

2. Pregunta a 3 personas de confianza. "¿Qué crees que hago especialmente bien?" A veces los demás ven lo que tú aún no reconoces.

3. Crea un "altar de talentos". Pon objetos, dibujos, frases, fotos que representen tus dones. Míralo cada día como recordatorio sagrado.

4. Actúa sin esperar perfección. Empieza. Expresa. Atrévete. El talento crece con la práctica y se afianza con la confianza.

5. Escucha tu entusiasmo. La alegría es una brújula espiritual. Aquello que te hace vibrar, emocionarte o perder la noción del tiempo es una señal directa de tus dones. No lo ignores.

6. Practica la autoobservación. Escribe qué cosas te resultaron fáciles, qué disfrutaste hacer o cuándo sentiste conexión profunda. Esas pistas te revelan tus talentos naturales.

7. Agradece y honra tus capacidades. Da gracias mentalmente cada vez que uses un talento. La gratitud lo expande y abre la puerta a nuevos dones que aún están dormidos.

8. Pon tus talentos al servicio. Los dones florecen cuando los compartes. Usa tus habilidades para ayudar, inspirar o sanar a otros.

9. Cultiva la humildad espiritual. Recuerda que los dones no son propiedad del ego, sino expresiones del Espíritu a través de ti. Cuanto más humildemente los compartas, más grande será su poder transformador.

Afirmación

Reconozco los dones divinos que habitan en mí. Los nutro con amor, los comparto con humildad y dejo que la luz de mi alma se exprese libremente en cada cosa que hago.

27.-Mereces que te pasen cosas bonitas

"Cuando crees en tu valor, el universo conspira para recordarte que siempre fuiste digna de lo mejor".

Querida hija,

Cuántas veces hemos creído que debemos sacrificarnos, complacer, ser perfectas o cargar con culpas… todo para merecer amor, felicidad o cosas buenas. Esa creencia está tan impregnada en muchos de nosotros que, incluso cuando la vida nos quiere otorgar bendiciones, las rechazamos en silencio, con pensamientos como: "¿De verdad lo merezco?"

Hoy quiero recordarte algo que deseo que nunca olvides: Tú mereces lo mejor. No por ser perfecta. No por cumplir con expectativas. Sino por ser tú.

Desde que naciste, traes en ti, la huella de la perfección divina. Eres parte de la misma energía creadora que hace florecer las rosas, que enciende las estrellas y que mueve los océanos. ¿Cómo podrías no merecer cosas maravillosas si tú misma eres una expresión del amor universal? Sin embargo, muchas veces olvidamos esa verdad. Nos enseñan a dar, pero no a recibir. A sacrificarnos, pero no a honrar nuestras propias necesidades. A conformarnos con poco, creyendo que desear más es egoísta y hasta sentimos culpa por ello. Muchas veces arrastramos frases que escuchamos desde pequeñas:

" —Pórtate bien o Dios te va a castigar".

"—No hagas eso o te vas a ir al infierno".

"—Si haces esto, nadie te va a querer".

" —Las cosas buenas se ganan, no se regalan".

Esas palabras se graban en lo más profundo del alma y, con el tiempo, se convierten en creencias limitantes. Creencias que nos hacen sentir que tenemos que sufrir para merecer. Que ser felices es un lujo. Que la abundancia es para otros. Todas esas creencias se heredan, pero también se pueden sanar; por ello debes tener siempre presente que la vida no te castiga. La vida te escucha y si empiezas a hablarle con amor, a tratarte con amor, la vida también comenzará a amarte más suavemente.

El merecimiento no sólo tiene que ver con lo que haces, sino también con quién eres. Eres suficiente. Eres valiosa. Eres merecedora de amor, de paz, de alegría, de prosperidad, de sueños cumplidos, y cuanto más lo creas, más se manifestará en tu realidad.

Cuando dudas de tu valor, cierras las puertas de la abundancia. Pero cuando reconoces tu esencia divina, todo fluye hacia ti con naturalidad, porque el merecimiento no se conquista: se recuerda.

Hija mía, el universo no te da lo que pides, sino lo que crees merecer. Cuando dejas de pedir desde la carencia y reconoces que eres digna de recibir, comprendes que pedir con amor y confianza no es ambición: es reconocer que somos hijas del universo, y que su abundancia también nos pertenece. El universo es ilimitado; quien muchas veces se limita… somos nosotros, a través de nuestros miedos, dudas y creencias.

La gratitud es parte fundamental para el merecimiento. Cuando aceptas con gratitud lo bueno que llega, cuando recibes sin culpa y con el corazón abierto, le estás diciendo a la vida: "Gracias, sé que soy digna de todo lo bello que tienes para mí". Por ello, agradece en todo momento: por lo que ya tienes, por lo que está por llegar y hasta por aquello que no se dio, porque probablemente no era algo positivo para ti. De esta forma, permites que el flujo de bendiciones se siga manifestando abundantemente.

La abundancia no es solo dinero. Es plenitud en todas sus formas. Abundancia es tiempo libre. Es una amistad sincera. Es una conversación que te nutre. Es una noche de descanso profundo. Es tener salud, fe, inspiración, propósito y sí... también es tener recursos materiales para vivir con tranquilidad.

Ahora bien, es importante comprender que el merecimiento no excluye la acción. El universo no es un sirviente mágico que entrega sin propósito; es una fuerza sabia que responde a la coherencia. Merecer lo mejor no significa quedarte inmóvil esperando que todo llegue sin esfuerzo. Significa creer en tu valor y actuar en consecuencia.

El universo premia la claridad, el compromiso y la intención amorosa. Las personas que trabajan con dedicación, que dan lo mejor de sí y que siembran con buena voluntad están vibrando en armonía con la energía de la abundancia y esa vibración atrae naturalmente lo bueno.

Por otro lado, cuando alguien actúa desde la pereza, el egoísmo o la falta de responsabilidad, se desconecta del flujo universal. No porque la vida castigue, sino porque toda acción tiene su eco. Cada quien construye la vida que refleja su nivel de conciencia; por ello, debemos entender que el merecimiento espiritual no reemplaza el esfuerzo humano, sino que lo ilumina.

El amor propio te impulsa a trabajar con pasión, a dar tu máximo potencial y a vivir con propósito, porque cuando crees que mereces lo mejor, das lo mejor de ti.

La fe abre el camino, pero tus pasos lo recorren; por eso, camina con amor, con gratitud y con acción coherente; así, el universo no sólo te entregará lo que pidas, sino mucho más de lo que imaginas.

Recuerda, eres hija del universo, nacida de la misma luz que alumbra los cielos. No hay deseo en tu corazón que no tenga una semilla divina esperando florecer. Mereces abundancia, amor, alegría y paz. Mereces una vida bonita. Mereces que te pasen cosas buenas. Mereces relaciones en las que te sientas valorada. Mereces espacios donde brilles con libertad. Mereces que tus sueños se hagan realidad, pero para recibirlo… primero tienes que creerlo. Porque lo que tú crees, es lo que tú creas.

No basta con soñar; hay que despertar y caminar. No basta con pedir; hay que abrir el corazón y las manos. El universo te ama, pero espera que te ames igual. Te entrega semillas, no jardines; caminos, no destinos; oportunidades, no atajos y cuando actúas desde la fe, la gratitud y la coherencia, la vida te responde con milagros.

Recuerda siempre, hija mía: mereces lo mejor, y también estás llamada a construirlo con la luz y la fuerza de tu propio amor.

Te ama,
Mamá

1. **Declara cada día.** "Merezco lo mejor. Me abro a recibir con amor, sin culpa, sin miedo".

2. **Haz un inventario de tus dones.** Escribe todo lo que haces bien, lo que das, lo que eres. Eso te recordará tu valor.

3. **Identifica tus creencias limitantes.** ¿Qué frases escuchabas de niña que te hicieron creer que no merecías? Escríbelas… y cámbialas por afirmaciones nuevas y expansivas.

4. **Recibe con gratitud sin justificar.** Si alguien te da un halago, un regalo, una oportunidad… solo di *"Gracias"*, sin sentir que tienes que dar algo a cambio. Recibir es un acto espiritual.

5. **Cambia tu diálogo interno.** Cada vez que pienses *"no puedo"* o *"no lo merezco"*, repite: *"Soy merecedora de amor, éxito y felicidad, porque nací de la energía divina"*.

6. **Rodéate de belleza.** Crea un entorno que refleje tu valor: flores, fragancias, música, luz. Todo lo que eleve tu vibración refuerza el mensaje de que mereces bienestar.

7. **Evita la comparación.** El merecimiento no compite. Nadie te quita lo que es tuyo por derecho. Confía en tu propio ritmo.

8. **Agradece por anticipado.** Di en voz alta: *"Gracias, universo, por todas las bendiciones que vienen a mi vida"*. La gratitud abre las puertas del merecimiento.

Afirmación

Soy merecedora de amor,
abundancia y alegría.
Recibo con gratitud todas las bendiciones
que el universo tiene para mí.
Reconozco mi valor, honro mi luz
y confío en que todo lo bello llega a
mi vida en perfecta armonía.

28.-Honra tus emociones, pero no te quedes a vivir en ellas

"Las emociones son ríos que vienen a purificarte, no océanos donde debas quedarte a naufragar".

Querida hija,

Nuestras emociones son mensajeras sagradas. No llegan para lastimarnos, sino para mostrarnos algo que necesitamos ver, entender o sanar. Cuando las ignoramos o reprimimos, se quedan atrapadas en nuestro interior como agua estancada… y con el tiempo pueden enturbiar la mente, endurecer el corazón y enfermarnos por dentro.

Honrar tus emociones significa permitirte sentirlas plenamente. Llorar cuando algo te duele, reír cuando algo te alegra, expresar enojo cuando algo es injusto, y reconocer la calma cuando llega. Es mirarlas de frente sin juzgarlas como "buenas" o "malas", sino como partes esenciales de tu experiencia humana. Pero también, amor mío, debes recordar que ninguna emoción es un lugar para construir tu hogar. Sentir es necesario, pero aferrarte es destructivo.

No te quedes a vivir en la tristeza, la rabia o el miedo, porque esas emociones —si se prolongan— pueden volverse cadenas invisibles que te atan al pasado y te impiden avanzar. Si sientes dolor, abrázalo, escúchalo, pregúntale qué quiere enseñarte… y luego suéltalo con gratitud.

Si sientes enojo, reconoce su mensaje, pero no lo alimentes con pensamientos que lo hagan crecer.

Y si llega la alegría, disfrútala sin miedo, sin sentir culpa por sonreír después de haber llorado. La alegría también es una maestra, una medicina que te recuerda que tu alma sabe brillar incluso después de la tormenta.

Hija, las emociones son energía en movimiento. Fluyen a través de ti para liberar, no para quedarse. Por eso, cuando una emoción te visite, respira antes de reaccionar. La respiración consciente te devuelve al presente, te conecta con la calma y evita que respondas desde la herida. Respirar es invitar a tu alma a retomar el control cuando la mente quiere gritar.

Aprende también a nombrar lo que sientes. A separar tu identidad de tu emoción. No eres tu enojo ni tu frustración; eres la conciencia que las observa.

Permítete sentir, pero ponle límites al tiempo de permanencia. Llora si lo necesitas, escribe, medita o camina, pero no repitas mentalmente la historia que generó tu dolor. Cada vez que revives el pasado, lo vuelves a sembrar en tu presente. Deja que la emoción cumpla su propósito: mostrarte una verdad, ayudarte a crecer, impulsarte a cambiar… y luego déjala ir con gratitud.

Evita alimentar el drama. Hablar una y otra vez de lo que dolió reabre la herida y te encadena al sufrimiento. El silencio reflexivo sana más que mil quejas. Y si sientes que el enojo o la amargura se instalan, muévete. Camina, baila, respira, pinta, ora. El movimiento físico es una puerta de salida para lo que tu mente no sabe liberar.

Cada emoción llega con un mensaje distinto. La tristeza te enseña a valorar la profundidad del amor, la rabia te muestra dónde necesitas poner límites, la frustración te impulsa a replantear tus caminos, y la alegría te recuerda que estás viva, despierta y capaz de amar otra vez.

Agradece cada emoción, pero no le entregues tu dirección permanente. Transítala, aprende y sigue caminando. Así tu corazón permanecerá libre, y tu espíritu, ligero.

En la vida, tú eres el cielo y las emociones son nubes pasajeras. Algunas serán suaves y blancas, otras grises y cargadas de tormenta… pero todas se mueven y ninguna permanece para siempre. Todas cumplen un propósito, pero ninguna debe quedarse para siempre. Honrar lo que sientes te hace más fuerte y más sabia; aprender a soltar te regala paz y libertad.

Y cuando una emoción sea demasiado grande para manejarla sola, recuerda que siempre puedes buscar una mano amiga, una palabra sabia, o simplemente mi voz en tu interior susurrándote: "Te amo. Estoy contigo. Y esto también pasará".

Hija mía, no te identifiques con lo que sientes, porque detrás de cada emoción existe un alma serena, sabia y eterna. Esa eres tú.

Vuelve a tu centro. Respira. Y recuerda siempre: no eres tus emociones… eres el amor que las observa.

Te ama,
Mamá

1. **Date permiso de sentir.** No te castigues por experimentar tristeza, enojo o miedo. Todas las emociones son válidas.

2. **Ponles nombre.** Reconoce y verbaliza lo que sientes. Decir "estoy triste" es el primer paso para liberarlo.

3. **Escucha su mensaje.** Pregúntate: "¿Qué quiere mostrarme esta emoción?"

4. **Exprésalas de forma saludable.** Escribe, pinta, camina, habla con alguien de confianza, medita.

5. **Evita alimentar la emoción negativa.** No la sostengas con pensamientos repetitivos o conversaciones que la fortalezcan.

6. **Agradece y suelta.** Una vez que recibas la enseñanza, despídete de la emoción con gratitud.

7. **Recuerda la impermanencia.** Todo pasa; nada es eterno.

8. **Evita contar la historia una y otra vez.** Hablar constantemente del problema reactiva la emoción. El silencio reflexivo muchas veces cura más que la palabra repetida.

9. **Muévete para liberar energía.** Las emociones son energía en movimiento. Si las guardas, se estancan. Permite que el cuerpo ayude al alma a soltar.

Afirmación

Honro lo que siento, lo abrazo con amor y lo dejo partir en el momento perfecto.

29.-Enfrenta tus miedos

"El miedo se disuelve cuando lo miras con la luz del alma; porque lo que parecía una sombra... solo esperaba ser comprendido".

Querida hija,

Los miedos son como sombras… se ven enormes mientras los observamos desde lejos, pero al acercarnos descubrimos que no eran tan grandes como creíamos. Muchas veces no nacen de un peligro real; los creamos con pensamientos, creencias o recuerdos que alguna vez nos hicieron sentir vulnerables.

Cuando los evitamos, los alimentamos y los dejamos crecer, pero cuando decidimos enfrentarlos, comprendemos que la mayoría de ellos son solo proyecciones de nuestra mente.

El miedo es una energía poderosa, pero tú tienes el don de transformarla en fuerza y claridad. No se trata de ignorarlo, sino de reconocerlo, comprender su origen y elegir conscientemente cómo responder.

Dentro de ti habita una sabiduría profunda, una especie de brújula espiritual capaz de distinguir cuándo algo realmente amenaza tu bienestar y cuándo simplemente es una ilusión creada por tus pensamientos. El alma sabe diferenciar entre el peligro real y el imaginario; la mente, si no está en calma, los confunde.

Cuando un miedo te visite, no huyas de él. Siéntate a escucharlo. Pregúntate: "¿Qué me quiere mostrar?" Y si llegas a sentir que te paraliza, busca conocimiento. Investiga, aprende, infórmate. La comprensión es una antorcha que disuelve su oscuridad. Cuando entiendes algo, deja de asustarte. Cuando ves las cosas desde otra perspectiva, muchas de ellas pierden su poder sobre ti.

Recuerda: la valentía no significa no sentir miedo, sino avanzar a pesar de él.

El miedo es como una puerta cerrada: puede intimidarte, pero detrás de ella siempre hay una nueva oportunidad, una lección o un regalo del alma. Atrévete a abrirla, hija mía. Cruzar esa puerta es elegir la fe por encima del temor.

Recuerda también que cada vez que enfrentas un miedo, una parte de ti renace más libre. Sentirlo no significa debilidad; significa que estás frente a un umbral que, al cruzarlo, te acercará más a tu verdadera esencia. Así que abrázalo, míralo con amor y deja que te muestre el camino hacia tu fortaleza.

Al enfrentar tus miedos, dejas de ser prisionera de ellos y te conviertes en la arquitecta de tu vida. Reconoces que dentro de ti habita el espíritu divino y que si has sido creada a imagen y semejanza de la divinidad, nada ni nadie podrá estar por encima de la fuerza que te sostiene.

Nunca olvides que dentro de ti vive una luz infinita capaz de transformar cualquier sombra en comprensión, toda duda en certeza y todo miedo en expansión.

Camina con fe, hija mía, porque cada paso que das hacia tu miedo es, en realidad, un paso hacia tu verdadera grandeza.

Te ama,
Mamá

Tips para vencer los miedos

1. Observa tu miedo sin juzgarlo. No trates de reprimirlo ni de huir. Siéntelo, respira profundo y dile internamente: "Te veo, pero ya no te temo". La aceptación es el primer paso hacia la liberación.

2. Nómbralo. Escribe exactamente a qué le tienes miedo; ponerlo en palabras le quita fuerza.

3. Distingue lo real de lo imaginario. Pregúntate: "¿Este peligro es tangible o solo está en mi mente?" Tu intuición sabrá responderte si te aquietas y escuchas con el corazón.

4. Infórmate. Cuando algo te asuste, busca comprenderlo. La información y el conocimiento disuelven los temores nacidos de la ignorancia. Lo que entiendes, deja de intimidarte.

5. Da un paso pequeño. A veces la mente teme al tamaño del salto. Divide el reto en pasos más cortos. Cada paso que das reduce el poder del miedo.

6. Respira conscientemente. Cuando el miedo aparezca, lleva tu atención a la respiración. Inhala calma, exhala confianza. Tu cuerpo se relajará y, con él, tus pensamientos.

7. Transforma el miedo en acción. Usa esa energía para moverte, crear, aprender o mejorar. Toda emoción contiene fuerza; lo importante es dirigirla hacia la expansión, no hacia la parálisis.

8. Visualiza la luz. Imagina que una luz dorada desciende sobre ti y disuelve la sombra del miedo. No estás sola; la presencia divina te acompaña y protege.

9. **Recuerda tus victorias.** Cada vez que hayas enfrentado algo difícil, fortaleciste tu espíritu. Trae a tu mente esos momentos para recordarte de lo que eres capaz.

10. **Pide ayuda si la necesitas.** Hablar con alguien sabio o amoroso puede darte una perspectiva nueva. Compartir el miedo lo vuelve más pequeño.

11. **Agradece el aprendizaje.** Cada miedo enfrentado te enseña algo sobre tu poder, tu fe y tu capacidad de amar más allá del control.

Afirmación

Soy más grande que mis miedos.
Camino con fe, con conocimiento y
con amor, iluminando cada sombra
con la luz de mi conciencia.

30.-El cuerpo nos habla

"Tu cuerpo susurra lo que tu alma
aún no sabe decir".

Querida hija,

Tu cuerpo es el templo donde habita tu alma y, al mismo tiempo, es tu más fiel mensajero. Él nunca calla cuando algo necesita ser atendido. Cada sensación, cada incomodidad, cada dolor físico o molestia sutil, es una señal que te envía para mostrarte algo que necesitas atender. No siempre el origen es físico. Hay dolores que no nacen del cuerpo, sino de un corazón cansado. Hay tensiones que no provienen del músculo, sino de preocupaciones acumuladas. Hay síntomas que no surgen de la enfermedad, sino del silencio emocional. Aprende a escucharlo con amor y respeto.

Cuando algo no se siente bien, detente y pregúntate: *¿Qué me quiere decir?*

Tal vez necesites descansar, quizá debes sanar una herida emocional, o solo te pide un respiro. Él no eleva su voz por capricho; lo hace para protegerte y cuidarte.

El cuerpo es sensible, intuitivo y profundamente sabio. Es el puente entre lo que sientes y lo que necesitas. Si aprendes a escucharlo, te ahorrarás muchos tropiezos, porque él siempre te avisa antes de que algo se rompa.

Recuerda también que el cuerpo almacena memorias. Cuando pasas por momentos difíciles, él guarda las huellas. Las emociones no expresadas se convierten en nudos, el miedo se vuelve tensión, la tristeza se queda en el pecho, el estrés se instala en el estómago, y las preocupaciones se pegan a los hombros. Por eso es tan importante llorar cuando lo necesites, hablar cuando algo te pesa, abrazarte cuando te duela el alma y descansar cuando la vida te lo pida.

El cuerpo no solo quiere que sobrevivas… quiere que vivas en armonía.

Amor mío, tu cuerpo es tu templo sagrado. Cuídalo, escúchalo y agradécele cada día por sostenerte y permitirte vivir tus experiencias en este mundo.

Trátalo con amor. Honra tus ciclos, tus ritmos, tus necesidades. Aliméntalo con conciencia, tanto física, como espiritualmente.

No te compares con nadie; cada cuerpo tiene su propio lenguaje y su propia manera de expresar lo que vive tu alma.

Recuerda que cada latido, cada respiración, es un milagro y un mensaje. Si aprendes a escucharlo, él te guiará con amor hacia la salud, el equilibrio y la paz.

Te ama,
Mamá

Tips para entender el lenguaje de tu cuerpo

1. **Escucha las señales.** Dolor, cansancio, insomnio, tensión muscular… no los ignores. Lo que atiendes a tiempo se sana con suavidad.

2. **Asocia cuerpo y emoción.** Pregúntate qué estabas sintiendo cuando el síntoma apareció.

3. **Cuida tu alimentación y descanso.** Son la base del bienestar físico y emocional.

4. **Mueve tu cuerpo.** El ejercicio ayuda a liberar energía estancada y estrés acumulado.

5. **Medita o respira conscientemente**: La conexión mente-cuerpo se fortalece en el silencio y la atención plena.

6. **Haz pausas durante el día.** Pregúntate: *¿Cómo se siente mi cuerpo ahora mismo?*

7. **Duerme con intención.** Antes de dormir, agradece a tu cuerpo por lo que hizo por ti.

8. **Pon límites cuando tu cuerpo se sienta pesado.** El cansancio emocional suele sentirse primero en el cuerpo.

9. **Llora cuando sea necesario.** Las lágrimas son una forma de desintoxicar el alma y relajarlo todo.

10. **Busca ayuda profesional si un malestar persiste.** Amor propio también es pedir apoyo.

Afirmación

*Escucho a mi cuerpo con amor; él es
mi guía, mi hogar y mi maestro.*

31.-Trabaja en tu sanación interna

"Sanar no es borrar las cicatrices, es aprender a ver la belleza en la piel que volvió a florecer".

Querida hija,

Sanar es un acto de amor profundo hacia ti misma. Es el acto más sagrado que puedes ofrecerte. Es volver a mirar lo que dolió, pero desde la luz de la comprensión. No se trata de olvidar lo vivido, sino de hacer las paces con tu historia y elegir con conciencia vivir desde el amor y no desde la herida.

No puedes construir una vida plena si tu interior está roto o lleno de sentimientos negativos. Amor mío, todo lo que no se sana se repite; y lo que abrazas con conciencia deja de doler.

Todos hemos sido lastimados alguna vez. Todos hemos cometido errores. No nacimos sabiendo cómo vivir. Venimos a aprender, a caer, a levantarnos, a transformarnos en cada paso. Por eso, mi vida, es momento de perdonarte, abrazarte y elegir sanar.

Sanar no es egoísmo. Sanar es un acto de responsabilidad con tu alma. Es decirle a tu niña interior: "Te veo. Te escucho. Estoy aquí para ti". Es soltar esa piedra invisible que durante tanto tiempo has llevado en el corazón. Es reconocer que mereces vivir ligera, con el corazón libre de culpas, resentimientos, rabias o miedos. Es mirar tus heridas con compasión, agradecer la lección y permitirte renacer más fuerte y más libre.

Hija, no eres lo que viviste. Eres lo que decides ser con lo que viviste.

Empieza por reconocer tus emociones sin juzgarlas. No hay sentimientos "buenos" o "malos"; todos tienen algo que enseñarte.

Cuando te permites sentir, en lugar de reprimir, la energía comienza a fluir y lo estancado se transforma.

El perdón es pieza fundamental en el proceso. No para justificar lo que ocurrió, sino para liberar el corazón. Perdonar no significa olvidar, sino soltar el vínculo energético con el pasado y dejar espacio para el amor y la paz.

A veces, lo que no se dice, pesa; por eso, escribe lo que sientes. Libera tu mente y tu corazón en el papel. Escribir es una forma de ordenar el alma y soltar lo que el cuerpo no sabe cómo expresar.

Sé compasiva contigo misma. La sanación no ocurre de un día para otro. No corras. Abraza tu proceso con paciencia. Cada lágrima, cada suspiro, cada avance, es parte del renacimiento.

Escucha tu cuerpo. Él también habla. Las tensiones, los dolores y la fatiga son mensajes que guardan memorias no resueltas. Muévete, respira, baila, camina descalza, deja que la energía circule.

Rodéate de amor. Personas, palabras, aromas, sonidos, colores. Todo lo que te rodea influye en tu vibración. Llena tu entorno de cosas y seres que te eleven, no que te drenen.

Y si en algún momento sientes que ya no puedes sola, busca apoyo. Un terapeuta, una guía espiritual, un amigo sabio o incluso una oración profunda pueden ofrecerte el reflejo que necesitas para ver más claro.

Si crees necesario cerrar un ciclo, crea un ritual simbólico: escribe una carta y quémala con gratitud, entierra una piedra que represente lo que dejas atrás, o simplemente agradece en voz alta lo vivido. Los rituales le hablan al inconsciente y lo ayudan a liberar.

Hazte prioridad. Abrázate con compasión. Cuida tu cuerpo, tu mente y tu espíritu. Permítete llorar si lo necesitas, pero también reír y celebrar que estás viva. Tu alma merece vivir ligera

Amor mío, cuando tú sanas, sanas también a tu linaje, a tus hijos, a tus relaciones, al mundo. Te vuelves más fuerte que lo que te lastimó, más sabia que lo que te hirió y más luminosa que cualquier sombra que hayas atravesado.

Así que sana, suelta, fluye y permite que tu corazón vuelva a amar, libre, pleno y en paz.

Se requiere de dedicación, paciencia y mucha compasión contigo misma para mirar con amor tu historia, tus heridas, tus sombras… y abrazarlas con la luz de la comprensión, con la dulzura del perdón, con la valentía de quien se elige a sí misma, una y otra vez.

Cada herida que llevas en el alma es también una puerta sagrada hacia tu evolución. No le temas al dolor: escúchalo, siéntelo, abrázalo y luego… suéltalo.

Sanar es un acto de amor y conciencia. Tienes permiso para dejar de ser fuerte todo el tiempo. Tienes derecho a llorar lo que no pudiste llorar, a gritar lo que callaste, a perdonar lo que te pesa y a volver a ti con ternura.

Honra tu historia, pero no te encadenes a ella. Cada experiencia vivida, por difícil que haya sido, tiene el poder de transformarse en sabiduría si así lo eliges. No eres tu dolor. Eres el alma luminosa que atraviesa ese dolor para expandirse.

Sanar también es soltar la necesidad de entenderlo todo. Hay cosas que no tienen explicación lógica, pero sí tienen propósito espiritual.

Confía. El universo nunca se equivoca. Tu alma eligió esta vida para evolucionar… y lo estás haciendo maravillosamente.

Recuerda que en realidad, solo es en proceso de reconstrucción, de recordar tu divinidad, de despertar esa fuerza que ha estado dormida en tu interior esperando que la mires con amor; así que… agradece tu proceso, hija mía, porque sanar no es reparar algo roto, es recordar que siempre fuiste completa.

Que cada lágrima que hayas derramado se transforme en semilla de sabiduría.

Que cada herida se vuelva puerta hacia una nueva comprensión.

Que nunca olvides que dentro de ti habita la medicina más poderosa: el amor.

Y que cuando el alma duela, recuerdes mirar hacia adentro, porque ahí, en tu propio corazón… la divinidad te está esperando para abrazarte y devolverte a la luz.

Te ama,
Mamá

Tips para sanar tu interior

1. **Haz las paces con tu pasado.** Acepta que hiciste lo mejor que pudiste con la conciencia que tenías en ese momento. Perdónate.

2. **Permítete sentir.** No reprimas tus emociones. Llorar no te hace débil; te limpia, te libera.

3. **Háblate con amor.** Cambia el diálogo interno. Trátate como hablarías con alguien que amas profundamente.

4. **Rodéate de personas que nutran tu alma.** Aléjate de ambientes o vínculos que te drenan o te hieren.

5. **Crea espacios de autocuidado.** Tiempo para ti, para descansar, meditar, caminar, escribir, agradecer… lo que te nutra de verdad.

6. **Haz terapia si lo necesitas.** Pedir ayuda es un acto de valentía, no de debilidad.

7. **Agradece tu historia.** Incluso lo más doloroso te trajo hasta aquí. Agradecer es parte del proceso de sanación.

8. **Exprésate.** Escribe, habla, pinta, danza, llora… No guardes lo que necesitas liberar.

Afirmación

Libero todo lo que ya no resuena con mi paz. Me permito sanar, transformarme y renacer desde la luz.

32.-Practica el desapego

"Soltar no es perder… es confiar en que la vida sabe exactamente qué debe quedarse y qué debe transformarse".

Querida hija,

El desapego no es frialdad ni indiferencia. El desapego es libertad interior. Es amar sin miedo, acompañar sin poseer, sostener sin aprisionar, y agradecer sin aferrarte.

Es comprender que nada en este mundo nos pertenece de manera absoluta; las personas, las situaciones, los ciclos, los lugares y hasta nuestras propias versiones… todo es un préstamo sagrado del universo, confiado a nosotros para cuidarlo, vivirlo y honrarlo mientras dure.

Aferrarse es intentar detener un río con las manos. A mayor fuerza, mayor dolor.

El apego nace del miedo: miedo a perder, miedo a la soledad, miedo al cambio. Pero el amor verdadero no nace del miedo, sino de la libertad.

Un amor libre acompaña, no encadena; inspira, no controla; sostiene, no presiona. Quien ama de verdad permite que la vida fluya como debe fluir.

Lo mismo sucede con las experiencias; unas llegan para quedarse un tiempo, otras para enseñarte, y algunas aparecen solo para despertar en ti una parte dormida. No todas están destinadas a permanecer, y eso está bien.

La impermanencia es una ley divina. Recordarla te ayuda a no sufrir por lo que cambia, porque comprendes que la vida no te quita… simplemente te mueve hacia donde debes estar.

El desapego no es soltar por soltar, sino soltar con conciencia, con confianza y con amor.

Es mirar al cielo y decir: "Confío en que, si algo debe quedarse, se quedará. Y si debe irse, abrirá espacio para algo aún más luminoso".

Dar con desprendimiento es uno de los actos más elevados del espíritu. Dar tu tiempo, tu palabra, tu ayuda o tu amor sin esperar nada a cambio te conecta con la esencia divina que habita en ti.

Cuando das así, das desde la abundancia, la vida —que es infinitamente generosa— siempre encuentra caminos inesperados para devolverte multiplicado lo que entregaste.

Recibir también es parte del desapego. Recibir sin sentir deuda, sin vergüenza, sin resistencia. Recibir con humildad, con gratitud, sabiendo que la vida usa a otros como canales para bendecirte. Quien sabe recibir permite que la abundancia circule libremente; quien bloquea lo que llega, bloquea también lo que sueña.

El desapego es, sobre todo, un acto de confianza espiritual. Es confiar en que lo que llega es perfecto, y que lo que se va, también lo es. Es confiar en que el universo —o Dios, o la vida— jamás cierra una puerta sin abrir otra. Es confiar en que no todo lo que deseas te hace bien, y no todo lo que pierdes es pérdida. Es confiar en que estás siendo guiada, protegida y acompañada en cada paso del camino.

Hija, el desapego es la llave de la verdadera libertad.

Cuando aprendes a dar sin cadenas, a amar sin miedo, a soltar sin dolor y a recibir sin culpa, tu vida se convierte en un río sereno que fluye hacia donde la luz te llama. Nada te pesa, nada te limita, nada te encierra. Descubres que siempre, siempre, estás sostenida por un amor infinito.

Practica el desapego, amor mío, y verás cómo la vida se abre ante ti con más gracia, más paz y más belleza de la que jamás imaginaste.

Te ama,
Mamá

Tips para practicar el desapego

1. **Observa tus apegos con honestidad.** Pregúntate: "¿Esto lo amo o lo temo perder?". La claridad es el primer paso.

2. **Practica el desapego emocional, no el desamor.** Amar es acompañar; apegarse es retener. Son energías opuestas.

3. **Permite que todo tenga un ciclo.** No intentes alargar lo que ya cumplió su misión. Lo que se fuerza se rompe.

4. **Agradece antes de soltar.** La gratitud suaviza el proceso y transforma el duelo en sabiduría.

5. **Suelta expectativas.** Haz tu parte, pero libérate del resultado. La vida obra mejor sin presión.

6. **Acepta el cambio como parte de la existencia.** Nada es permanente. Y eso mismo hace la vida tan hermosa.

7. **Haz espacio para lo nuevo.** Tira, limpia, organiza, renueva. El desapego exterior libera el interior.

8. **Confía en la guía divina.** Lo que se va abre caminos. Lo que llega trae bendiciones. Lo que queda… es porque es tuyo en verdad.

9. **Da con alegría.** Entrega algo que aprecies, solo para sentir la belleza de compartir sin esperar.

10. **Recibe con gratitud.** Cuando alguien te ofrezca algo, sonríe y acéptalo como un regalo de la vida.

Afirmación

Suelto con amor. Confío en el flujo divino. Todo lo que es para mí permanece, y lo que ya cumplió su propósito se disuelve en luz.

33.-Cierra ciclos con amor y gratitud

*"Cierras un ciclo no cuando ya no duele,
sino cuando decides elegirte a ti.
Dejas ir no para olvidar, sino para
honrar lo vivido y bendecir lo que vendrá".*

Querida hija,

En esta vida no todo es para siempre… y aprender a cerrar ciclos con paz es una de las lecciones más poderosas que puedes integrar en tu corazón.

Hay personas que llegan como tormentas, otras como refugio. Algunas aparecen solo por un capítulo y otras nos acompañan por más tiempo. Lo cierto es que cada alma que se cruza en tu camino tiene un propósito: enseñarte, ayudarte a crecer y mostrarte algo de ti misma que tal vez habías olvidado. Sin embargo, cuando su lección termina, el alma lo sabe y, aunque la mente quiera aferrarse, el corazón empieza a inquietarse… como una mariposa en una jaula.

Cerrar un ciclo no es olvidar. Es honrar lo vivido y soltar con conciencia. No es negar que dolió ni es borrar lo vivido. Es agradecer lo que fue, soltar lo que ya no es… y abrir espacio para lo que puede ser.

En ocasiones, cerrar un ciclo no duele por la despedida en sí, sino por el apego emocional que hemos construido. Los seres humanos solemos aferrarnos no porque algo sea sano o bueno, sino porque es lo que conocemos. La familiaridad puede disfrazarse de amor y la costumbre puede hacer que confundamos estabilidad con resignación.

El miedo al vacío, a sentir dolor o a empezar de nuevo puede llevarnos a permanecer en relaciones o situaciones que ya no nutren nuestra alma; pero aferrarse a lo que lastima es una manera silenciosa de abandonar tu propia luz.

Lo que se sostiene por miedo nunca prospera. Cuando te aferras, cierras la puerta a lo que verdaderamente está destinado para ti; cuando sueltas con amor y gratitud, permites que el universo te muestre caminos, personas y experiencias más alineadas con tu verdad.

Soltar no es perder; es honrar tu evolución, confiar en tus alas y abrir espacio para lo que tu alma merece. Y lo más amoroso que puedes hacer por ti es despedirte de aquello que ya cumplió su misión en tu vida, porque cuando te aferras a lo que ha terminado, te alejas de lo que está esperando por ti al otro lado del duelo.

Cerrar un ciclo desde el amor es mirarte al espejo y decir: "Gracias por lo que aprendí. Me libero de lo que ya no vibra conmigo. Y abro mi ser a lo nuevo con confianza".

Algunas de las personas que te transformaron no siempre se quedarán. Hay quienes llegan para enseñarte a amar. Otros para enseñarte a poner límites. Algunos te muestran tu sombra… y otros despiertan tu luz, y cuando se van —por elección, por destino, por evolución— no significa que el amor se haya perdido. Significa que su papel en tu historia ha terminado y que tú estás lista para avanzar a un nuevo nivel de conciencia.

No todas las despedidas son fracasos. Algunas son puertas que se cierran… para que otras más grandes se abran. Recuerda, amor mío, lo que sueltas te sana, lo que agradeces te eleva, y lo que permites llegar… te transforma

Cerrar ciclos es un acto de amor propio, así que, hija mía, no te aferres a lo que duele solo porque temes estar sola. Confía en que la vida sabe mejor que tú cuando una etapa ha llegado a su fin.

Cierra la puerta con gratitud. Suelta la mano con compasión. Despídete sin rencor, porque cuando cierras un ciclo desde el amor… tu alma se expande, tu corazón se aligera y tu camino se ilumina.

Entonces, sabrás que esa despedida no fue el final… sino el comienzo de un nuevo renacer.

Te ama,
Mamá

Tips para cerrar ciclos de forma saludable

1. **Reconoce que algo ha cambiado.** Escucha tu intuición. Cuando algo ya no se siente igual, no lo ignores.

2. **Permítete sentir.** Llora si lo necesitas. Agradece. Abraza la nostalgia. Cerrar un ciclo es un duelo… y merece su espacio.

3. **Agradece por lo vivido.** Haz una lista de lo que esa persona o experiencia te enseñó. Incluso si fue doloroso, hubo algo que tu alma ganó.

4. **Evita aferrarte a lo que ya no vibra contigo.** Si tienes que forzarlo, ya no fluye. Lo que es verdadero se siente en paz.

5. **Despídete con un ritual simbólico.** Escribe una carta (que no necesitas enviar), prende una vela, deja ir algo físico que te ate.

6. **No te culpes ni busques culpables.** A veces, cerrar ciclos es una evolución natural. No es fracaso. Es crecimiento.

7. **Haz espacio para lo nuevo.** Cuando sueltas, liberas energía para que llegue lo que sí resuena contigo.

8. **Reconoce el aprendizaje** Pregúntate: *¿Qué me enseñó esto sobre mí, sobre los demás, sobre el amor, sobre la vida?*

9. **No huyas del dolor, abrázalo con presencia.** Busca ayuda profesional si es necesario.

10. **Observa tus apegos con honestidad.** Pregúntate si te quedas por amor… o por miedo

Afirmación

*Libero con amor aquello que ya
cumplió su propósito en mi vida.
Agradezco lo vivido, bendigo lo que se
va y abro mi corazón a lo nuevo que
el universo trae para mí.*

34.-Haz de la meditación una práctica diaria

"En el silencio de tu mente, encontrarás la voz de tu alma".

Recuerdo la primera vez que asistí a una reunión de meditación. La persona que la dirigía nos pidió cerrar los ojos, respirar profundo y quedarnos en silencio durante una hora.

No habían pasado ni diez minutos cuando mi mente comenzó a correr como un caballo desbocado: pensaba en los pendientes, en las llamadas por hacer, en los pagos, en mamá… y cuanto más intentaba calmarla, más ruido hacía. Sentía una mezcla de desesperación e impaciencia; me enojaba conmigo misma por no poder "hacerlo bien". A los veinte minutos, abrí los ojos y me marché sin intención de volver.

Poco después, me invitaron a una charla en un monasterio budista. Esa vez, el monje hablaba sobre la mente inquieta —la *monkey mind*—, esa tendencia que tenemos a saltar de pensamiento en pensamiento, incapaces de quedarnos quietos en el momento presente.

Al escucharlo, me reconocí por completo. Pensé: *"¿Cómo se logra eso de estar presente? ¿Tendré que volver a esa reunión de la que salí corriendo?"*

Pero entonces el monje dijo algo que cambió mi perspectiva:
—Meditar no es solo sentarse en silencio. También puedes meditar mientras comes, caminas, respiras, escuchas o contemplas. Estar presente es un arte que se cultiva en lo cotidiano.

Esa idea me pareció mucho más amable y cercana. Así que me propuse practicarla: comencé prestando atención a la hora de comer, saboreando cada bocado, observando mis pensamientos cada vez que se desviaban y trayéndolos de regreso, una y otra vez, al ahora.

Lo hice con paciencia, disciplina y entrega. Con el tiempo, comencé a sentirme diferente: más en calma, más consciente, más viva.

Meses después, me invitaron nuevamente a aquella reunión de meditación de la que había huido. Esta vez fui con el corazón abierto y la mente dispuesta. Y ocurrió algo mágico: no sentí el tiempo pasar. Por primera vez, experimenté la quietud interior.

En esos momentos en que lograba silenciar mi mente, sentía una expansión tan dulce que me invitaba a permanecer ahí. Una paz profunda me envolvía. Era como si el universo entero respirara conmigo. Supe, en ese instante, que esa serenidad era el lugar donde siempre había querido habitar.

Han pasado muchos años desde entonces y, al mirar atrás, puedo decirte con certeza que la meditación cambió mi vida. Me hizo más feliz, más serena, más consciente. Despertó mi creatividad y fortaleció mi conexión con todo lo que existe. Me volví más humana, más empática, más compasiva. Aprendí que la mayoría de nuestros problemas se originan en la mente y que cuando dejamos de alimentarlos con atención, pierden poder.

En un mundo tan acelerado, lleno de ruido, exigencias y distracciones, la meditación es una brisa suave que nos recuerda que la paz no está afuera… está dentro de nosotros.

Meditar no es dejar la mente en blanco; es regresar a ti misma cada vez que notas que te has perdido. Es anclarte al momento presente, al único lugar donde realmente ocurre la vida.

La meditación te enseña a observar sin juzgar, a aceptar sin aferrarte, a respirar en medio de cualquier tormenta. Es un acto profundo de amor hacia ti misma porque te invita a habitarte por completo.

Cuando logras aquietar la mente, descubres que dentro de ti hay un lago sereno donde se reflejan tus pensamientos, tus miedos y tus reacciones… y desde esa claridad puedes transformarlos. Te conviertes en testigo de tu mente, no en prisionera de ella. Empiezas a distinguir cuándo actúas desde el amor y cuándo desde la herida. Y desde esa conciencia amorosa, puedes responder con sabiduría en lugar de reaccionar desde el impulso.

Recuerda, mi amor: no necesitas ser experta ni "hacerlo bien". La meditación no es para dominar la mente, sino para reconocerte en ella. Cada vez que lo hagas, sentirás cómo el cielo se abre dentro de ti… y comprenderás que ese cielo siempre ha estado ahí, esperando a que regreses.

Habrá momentos en los que la vida te presente decisiones difíciles, caminos inciertos o dudas profundas. Y cuando eso suceda, no busques las respuestas afuera. Detente. Respira. Medita. Porque la voz que sabe, la que jamás se equivoca, habita en tu interior.

Cuando no sepas qué hacer, medita; y cuando creas que sabes lo que debes hacer… medita otra vez. La meditación no te aleja del mundo; te enseña a vivir en él con más claridad, con más amor y con más conciencia. Te regala el espacio para escuchar la voz sabia de tu alma; la voz de lo divino, que no grita… sino que susurra en el silencio.

Te ama,
Mamá

1. **Empieza poco a poco.** No necesitas horas. Basta con 5 minutos de presencia profunda para comenzar.

2. **Encuentra tu momento sagrado.** El amanecer o antes de dormir son puertas mágicas para conectar.

3. **Crea tu rincón sagrado.** Escoge un espacio donde te sientas en paz: una vela, un aroma, una piedra, una flor. Que sea tu refugio interior, aunque esté en medio del mundo.

4. **Respira con intención.** Cada inhalación es una bienvenida; cada exhalación, una entrega. Observa tu respiración hasta sentir que ella te guía de regreso al presente.

5. **Observa sin juicio.** No luches contra tus pensamientos. Solo obsérvalos pasar como nubes en el cielo.

6. **Pregúntate:** ¿Desde dónde estoy actuando hoy? ¿Desde el amor, el miedo, la costumbre o el alma?

7. **Hazlo un hábito.** La constancia es más importante que la duración. Meditar cada día, aunque sea un poco, transforma tu vida.

8. **Haz del silencio un hábito.** Comienza y termina tu día con unos minutos de quietud. No necesitas hacer nada; solo siéntate y permite que la calma llegue.

9. **Sé paciente con tu mente.** No te frustres si se llena de pensamientos. Son como olas en el mar: inevitables. Lo importante no es detenerlas, sino no perderte en ellas.

10. **Usa tu cuerpo como ancla.** Siente tus manos, tu espalda, el contacto de tus pies con el suelo. El cuerpo siempre habita el presente y puede ayudarte a regresar a él.

11. **Medita también en movimiento.** Camina lentamente, escucha los sonidos, siente la tierra bajo tus pies. Cada paso consciente es una oración silenciosa.

12. **Permítete sentir.** Si durante la meditación aparecen emociones, no las bloquees. Respíralas. Todo lo que se siente, se sana.

13. **Agradece siempre.** Al terminar, pon tus manos en el corazón y agradece por haberte regalado ese tiempo. Cada meditación, aunque sea breve, es un acto de amor hacia ti.

Afirmación

*Cada respiración me regresa
al momento presente;
cada instante de quietud me conecta
con la paz infinita que
habita en mí.*

35.-Eleva tu vibración y verás las bendiciones del universo

"Eleva tu alma y el universo se inclinará hacia ti.
La vida se vuelve milagro cuando
tu corazón se vuelve luz".

Querida hija,

Todo en este universo es energía… tus pensamientos, tus palabras, tus emociones y tus acciones. Todo vibra, todo emite una frecuencia y esa frecuencia es la que determina lo que atraes hacia tu vida.

Así como no puedes escuchar la música del 101.1 si estás sintonizando el 88.3, tampoco puedes recibir amor, plenitud, paz y bendiciones si tu vibración está anclada en el miedo, la duda, la queja o la escasez. El universo no responde a los deseos que solo se pronuncian… responde a la energía que realmente emanas.

Tu vibración es tu lenguaje invisible con el universo. Es una conversación silenciosa, pero tremendamente poderosa, con la creación, con la esencia divina que habita en todo. Cuando tu vibración está alineada con el amor, la gratitud, la fe y la paz interior, te conviertes en un faro de luz que atrae naturalmente bendiciones, sin esfuerzo ni lucha.

Elevar tu vibración no implica negar las dificultades ni maquillar las emociones. No se trata de fingir felicidad, sino de elegir conscientemente regresar a la verdad luminosa que vive dentro de ti. Es recordar que siempre tienes un lugar interno donde reina la calma, la fe y la esperanza. Es saber que puedes elegir pensamientos que alimenten tu espíritu, emociones que te eleven y acciones que te acerquen a tu mejor versión.

Cada vez que agradeces, aunque sea por lo más pequeño… elevas tu vibración. Cada vez que sonríes sinceramente… que respiras profundo y vuelves al presente… que escuchas música que eleva tu alma, que ayudas a alguien sin esperar nada a cambio, que bendices en lugar de juzgar, que aprecias la belleza del cielo al amanecer o el abrazo de alguien que amas… tu vibración se expande como luz que toca todo a tu alrededor. Y cuando tu energía se eleva, la vida responde con más amor, más paz, más oportunidades, más milagros.

Recuerda siempre, amor mío, que tu vibración es tu responsabilidad. No puedes controlar los eventos externos, pero sí puedes elegir cómo interpretarlos, cómo recibirlos y desde dónde responder. Esa elección puede cambiar no solo tu día, sino también tu destino.

Cuando estás en un estado del alma que vibra en amor, en confianza, en generosidad y rendición divina, te vuelves un canal abierto para la gracia. Entonces, las puertas se abren, las coincidencias se vuelven señales, las personas adecuadas llegan, las soluciones aparecen y la vida empieza a sincronizarse con tu luz.

Lo semejante atrae a lo semejante. Tu vibración es tu firma energética. Es tu oración, tu mensaje al universo; y cuando vibras alto, te responde: *"Hija mía, aquí estoy. Te escucho. Te sostengo. Estoy contigo"*.

En ese nivel de frecuencia, los milagros no son raros… son naturales. En ese estado, la vida fluye contigo, no en tu contra. Sientes guía, propósito, compañía divina. Sientes que el universo no te debe nada… pero aun así lo recibes todo.

Así que confía, hija. Cuida tu vibración como cuidas tu corazón. Elige siempre aquello que expanda tu luz. Camina con fe, bendice el camino, agradece antes de ver resultados y verás cómo el universo te abraza de vuelta con bendiciones infinitas, siempre bajo la gracia divina y de la manera más perfecta. Vibra alto, hija mía, y permite que la vida te sorprenda.

1. **Practica la gratitud.** Cada mañana da gracias por tres cosas.

2. **Cuida tus pensamientos.** Cámbialos por afirmaciones positivas cuando notes negatividad.

3. **Rodéate de personas y entornos que te inspiren y nutran.**

4. **Escucha música elevada.** Evita consumir contenido que te baje la energía.

5. **Conecta con la naturaleza.** Camina descalza por el pasto o la tierra, contempla el cielo, escucha el viento. La Tierra es medicina energética.

6. **Respira conscientemente.** Para centrarte y calmar tu mente.

7. **Elige palabras amables.** Al hablar de ti y de los demás.

8. **Confía en los tiempos del universo.** La fe es la vibración más alta. Confía en que lo que es para ti te encontrará cuando estés lista para recibirlo.

9. **Regala bondad en secreto.** Un acto generoso, sin esperar reconocimiento, eleva tu vibración más que mil palabras. Lo invisible tiene un poder que el ego nunca entiende.

10. **Actúa como si ya fueras la versión más elevada de ti** Pregúntate: *¿Qué haría mi yo más sabia, más amorosa, más espiritual?* Esa acción llama al milagro.

Afirmación

Mi alma vibra en amor,
paz y gratitud.
Estoy alineada con la luz divina y
el universo responde a mi vibración.
Todo lo que es para mí, llega
con facilidad, en armonía
y en el tiempo perfecto.

36.-Que tu fe sea tu fortaleza

"La fe no promete cielos sin tormentas, pero regala un sol que nunca se apaga dentro del alma".

En los momentos en que el mundo parezca caerse a pedazos, cuando el miedo intente instalarse en tu corazón y las fuerzas parezcan agotarse, recuerda esto: tu fe es tu mayor fortaleza.

La fe no es un simple deseo ni un pensamiento positivo; es una certeza profunda, una conexión inquebrantable con la Divinidad que te creó, te guía y te sostiene.

A lo largo del tiempo, he aprendido que la fe es la raíz silenciosa que mantiene erguido al árbol del alma incluso durante las tempestades más severas. No se ve, pero da vida. No grita, pero sostiene.

Durante muchos años, al finalizar mis programas de radio, cerraba con la frase: *"El mejor día siempre es hoy y, con amor y fe, todo es posible"*. Esta, no era solo una despedida… era un recordatorio para mí misma, una declaración que fui sembrando día tras día hasta convertirla en una verdad vivida.

Esa certeza fue mi refugio en los momentos más difíciles de mi vida. Cuando todo parecía desmoronarse, mi fe me mantuvo de pie, me devolvió la calma y me recordó que nunca estamos solos.

La verdadera fe no se mide por lo que pedimos y obtenemos, sino por la serenidad con la que confiamos incluso cuando no comprendemos el "porqué" de las cosas. Es mirar al cielo y decir: *"Esto va más allá de mi entendimiento, pero confío"*. Porque la fe no elimina las tormentas, pero nos da la serenidad y la confianza para atravesarlas.

Jesús enseñó que si tuviéramos fe del tamaño de un grano de mostaza, podríamos mover montañas. Con esa metáfora nos mostró que la fe no depende de su tamaño, sino de su pureza. Un corazón que confía, aunque tiemble, tiene el poder de transformar lo imposible en posible.

La fe no se alimenta de resultados, sino de relación. Es una danza entre el alma y lo divino, una rendición amorosa que nos invita a soltar el control y abrazar la confianza. Cada oración, cada acto de gratitud, cada gesto de bondad, fortalece ese puente invisible que nos une a la divinidad.

Amor mío, la fe no necesita pruebas. Cree primero y el milagro se revelará después. La mente humana pide evidencias, pero el alma simplemente sabe.

La fe tampoco es pasividad; es acción inspirada por el amor. Es levantarte cada mañana y seguir caminando aun cuando no ves el horizonte, sabiendo que la luz te espera más adelante.

Cuando la vida te pida paciencia, confía… porque la fe no teme la espera, ya que comprende que todo llega en el momento justo, bajo la gracia divina y de la manera perfecta.

También ten presente que la fe transforma la energía del miedo en confianza. Cuando eliges creer, cuando eliges soltar la angustia y abrirte a lo divino, tu vibración se eleva y el universo entero se alinea para sostenerte. En ese instante, te conviertes en un canal de luz viva, capaz de ver milagros donde antes solo había incertidumbre.

Hija, si alguna vez dudas —porque todos dudamos alguna vez—, regresa al silencio de tu corazón. Respira profundo, cierra los ojos y siente la presencia de ese poder superior que te sostiene. Allí, en ese instante, la fe vuelve a encenderse como una llama eterna que nunca se apaga.

Camina siempre con la certeza de que estás rodeada de luz. Nada puede quebrar a quien confía en lo divino, porque la fe no solo mueve montañas… también reconstruye almas.

Y recuerda, mi amor: *el mejor día siempre es hoy, y con amor y fe, todo es posible.*

Te ama,
Mamá

1. **Ora o medita a diario.** Dedica unos minutos a conectar con la Divinidad. Habla, pero también escucha en silencio.

2. **Da gracias por anticipado.** En lugar de orar para pedir, hazlo para agradecer. Dar gracias por anticipado es la manifestación más grande de fe.

3. **Recuerda tus milagros.** Escribe los momentos en que saliste adelante aun cuando pensabas que no podrías más. Volver a leerlos te recordará que nunca estuviste sola.

4. **Rodéate de personas que te inspiren.** La fe crece cuando compartes tu camino con quienes creen en lo bueno y en lo posible.

5. **Declara y visualiza lo que deseas con confianza.** Usa tus palabras como semillas, afirmando que lo que anhelas ya está en camino. Visualízate celebrando y disfrutando los resultados positivos.

6. **Confía en el tiempo perfecto.** Acepta que todo llega cuando debe llegar, ni antes ni después.

Afirmación

*Confío plenamente
en la sabiduría divina.
Todo sucede en el momento perfecto.
Mi fe me sostiene, me guía
y me ilumina.*

37.-Vive en un estado de gratitud constante

"La gratitud es el lenguaje secreto del alma. Cuando lo hablas, el universo entero te responde en milagros".

Querida hija,

La vida es un tapiz tejido con miles de pequeños milagros… y entre todos ellos, tú eres el más hermoso que Dios me regaló. Desde el instante en que supe que llegarías a este mundo, mi corazón entendió lo que era la gratitud verdadera.

Agradezco cada día el haber sido elegida para ser tu mamá; agradezco tu risa, tu bondad, tu nobleza, tu sensibilidad, la luz que irradias incluso sin darte cuenta. Doy gracias por ti con cada latido, porque eres un milagro hecho vida.

Amor mío, la gratitud es una fuerza divina, es un imán espiritual que atrae bendiciones, abundancia y bienestar. No es solo un sentimiento… es un estado de conciencia, una forma sagrada de ver la vida. Cuando agradeces, cambias tu vibración, iluminas tu alma y el universo entero se abre para ti.

La gratitud transforma la manera en la que vemos las cosas. Y desde esa nueva mirada, más clara y amorosa, comienzas a reconocer que todo —absolutamente todo— es un regalo: lo que te alegra, lo que te enseña, lo que te fortalece, lo que te guía.

Agradecer no es conformarse. Agradecer es comprender que incluso en los días difíciles hay una semilla de luz escondida, una enseñanza esperando ser descubierta.

Cuando la vida te presente desafíos, no te apresures a rechazarlos; pregúntate qué fuerza quieren despertar en ti. Y cuando lleguen momentos hermosos, abrázalos con el alma abierta… y dale gracias a Dios por permitirte sentirlos.

Hija, recuerda siempre que tu vida es un regalo, y el milagro eres tú. Cada respiro es una bendición, cada amanecer una llamada amorosa del universo, cada persona que te ama un símbolo de gracia.

Cuando vives agradecida, tu corazón se convierte en un templo donde todo florece: la paz, la abundancia, la serenidad, la confianza, la alegría profunda.

La gratitud es un puente entre tú y la divinidad; es una llave que abre puertas, caminos y oportunidades. Y yo, hija adorada, agradezco por ti todos los días de mi vida. Agradezco tu existencia, tu esencia, tu luz. Agradezco cada conversación, cada sonrisa, cada recuerdo que hemos creado juntas. Agradezco la manera en que miras el mundo, la sensibilidad de tu corazón, tu belleza interna, tu nobleza y tu espíritu.

Le doy gracias al Poder Creador por protegerte, por guiarte, por caminar contigo, incluso cuando yo no estoy cerca. Le agradezco porque sé que estás sostenida por manos divinas.

Amor mío, que tu vida sea un eterno "gracias". Agradece lo que recibes, lo que das, lo que aprendes, lo que superas y lo que sueñas. Agradece tu camino y también tus alas. Porque cuando vives en gratitud constante, el universo entero conspira para llenarte de bendiciones.

Te ama,
Mamá

Tips para vivir en gratitud constante

1. **Empieza y termina cada día con tres agradecimientos.** Por tu vida, tu hogar, tu cuerpo, las personas que amas.

2. **Agradece incluso lo que duele.** Pregunta: "¿Qué me está enseñando esto?". La gratitud convierte heridas en sabiduría.

3. **Escribe una carta de agradecimiento mensual.** No tiene que ser enviada; basta con honrar las bendiciones recibidas.

4. **Observa la naturaleza con presencia.** El cielo, las hojas, el viento… todo es un recordatorio de que estás sostenida por una fuerza mayor.

5. **Di "gracias" en voz alta cuando algo bonito te suceda.** Ese acto eleva tu vibración al instante.

6. **Practica la gratitud por tu cuerpo.** Agradécele por sostenerte, por sanarte, por acompañarte.

7. **Agradece por las personas que amas… y por las que te han desafiado.** Ambas te hacen crecer, expandirte y fortalecerte.

8. **Vive con el corazón abierto.** La gratitud es un flujo: cuanto más das gracias, más recibes.

9. **Agradece también lo que no entiendes aún.** Confía en que todo tiene un propósito.

10. **Expresa tu gratitud a las personas que te han ayudado.** Aunque sea con un pequeño detalle.

Afirmación

*Hoy elijo agradecer por todo
lo que soy, lo que tengo y lo que está
por venir, porque sé que cada instante
es un regalo divino.*

38.-Cree en el concepto de abundancia

"La abundancia no se conquista... se recuerda. Eres hija del universo, nacida de estrellas generosas; lo que buscas ya vive en ti, esperando que te abras para recibirlo".

Querida hija,

La abundancia no es una meta… es un estado del ser. No nace de tener más, sino de sentirte plena, guiada y sostenida por la vida. No es algo que se busca afuera… es algo que se despierta por dentro. No es un destino al que llegar, sino una frecuencia en la que puedes vivir.

El universo en el que habitamos está diseñado desde la plenitud. Todo en la naturaleza es abundante: los mares, los árboles, las estrellas, la luz del sol… Nada es escaso. La escasez no es un hecho, es una creencia. Y muchas veces aprendemos a pensar en escasez antes de comprender que la abundancia ya habita en nosotros.

La fuente que te creó —ese amor divino que te dio la vida— jamás te abandonaría. No eres un ser olvidado ni a la deriva. Estás siendo guiada, sostenida y acompañada por fuerzas invisibles que te aman: Dios, el universo, tus ángeles, tus guías, la energía divina… como tú prefieras llamarlo.

La abundancia no es un lujo… es un estado natural. Solo confía, actúa, agradece… y las puertas se abrirán. Porque tú no viniste a sobrevivir… viniste a florecer.

Cuando pones el corazón en movimiento y actúas con confianza, todo comienza a acomodarse. No desde el control, sino desde la armonía invisible del universo.

El universo conspira a favor de los corazones que creen. Tu tarea no es saber el "cómo", ni el "cuándo", ni el "de dónde". Tu única tarea es tener fe, trabajar con amor y poner tu intención clara sobre lo que deseas manifestar. Al hacer esto, te conviertes en un imán de abundancia.

Evita decir: "¿Cómo voy a lograrlo?" Di: "Confío en que todo lo que necesito llega a mí de la mejor manera".

Hija, no estás sola en este camino. Aunque tus ojos no puedan verlos, hay seres de luz que caminan a tu lado. Ellos sostienen tus pasos, abren caminos, susurran ideas, alinean oportunidades. A veces los sentimos como intuiciones. Otras veces, como señales repetidas o sincronicidades mágicas que parecen casualidad… pero son la mano amorosa del universo.

Jesús, en su sabiduría infinita, nos dejó un mensaje eterno: "Pide y se te dará. Toca y se te abrirá. Porque el que pide, recibe; y al que llama, se le abre la puerta".

Eso no es una promesa vacía; es una verdad vibrante.

La fe es la llave que abre las puertas; la acción coherente es la mano que gira el picaporte; y la gratitud es el aceite que hace que todo fluya con suavidad. Para vivir en abundancia, abraza su ritmo natural: agradecer, dar y recibir.

La gratitud es el primer paso: agradece incluso lo que aún no ha llegado. La ciencia moderna ha demostrado que la gratitud transforma el cerebro y eleva la frecuencia del corazón, atrayendo más experiencias positivas. Agradecer le dice al universo: "Estoy lista para más".

La generosidad es el segundo movimiento. Dar con alegría no empobrece, expande. Cada gesto amoroso activa la ley del flujo universal. El universo reconoce el corazón que entrega y lo multiplica.

Aprender a recibir completa el ciclo. Recibir también es un acto espiritual. Muchas veces la abundancia no llega porque rechazamos bendiciones, apoyo u oportunidades. Aceptar con gratitud es honrar tu merecimiento y permitir que el río siga fluyendo. Dar y recibir son la misma danza divina: cuando uno se bloquea, el otro también.

Vivir en abundancia es vivir en confianza. Es comprender que el universo no te da lo que pides con miedo, sino lo que irradias con fe. Cuando tus pensamientos vibran en amor, tu energía se alinea con la creación. Cuando sirves con propósito, das valor y te abres al milagro de la reciprocidad.

Nunca olvides que tú eres parte de una inteligencia infinita que siempre provee. Abre tus manos, tu mente y tu corazón. Celebra lo que tienes, honra lo que llega y suelta lo que se va.

Amor mío, la fuente de la abundancia vive en ti, y mientras estés conectada a tu esencia, jamás faltará nada esencial en tu vida.

Que tu vida sea un jardín donde germinen semillas de fe, gratitud y generosidad. Y que cada paso que des esté guiado por la certeza de que eres hija de la abundancia divina. Así que vive con confianza, actúa con fe y siembra desde el amor.

Te ama,
Mamá

Tips para vivir en abundancia

1. Habla como si ya vivieras en abundancia. Evita frases como "no tengo", "no puedo", "es difícil". Cámbialas por: *"Estoy abierta a recibir más" "El universo cubre todas mis necesidades".*

2. Agradece antes de recibir. Cada día, da gracias como si ya tuvieras lo que deseas. La gratitud es un imán poderoso que atrae más bendiciones.

3. Ocúpate, no te preocupes. En lugar de angustiarte, actúa con amor. Da lo mejor de ti. Trabaja por tus metas. El universo se encarga del resto.

4. Suelta el control del "cómo". El cómo no te pertenece. Tu tarea es sembrar la intención y tomar acción alineada. El universo sabrá cómo sorprenderte.

5. Conéctate con la fuente. Ora, medita, respira, confía. Recuerda que no estás sola.

6. Bendice lo que ya tienes. Honra tu cama, tu alimento, tu cuerpo, tus afectos. Cada vez que bendices, amplías tu campo de recepción. Cuando veas prosperidad ajena, di en tu corazón: "Eso también es posible para mí". La envidia cierra puertas; la celebración las abre.

7. Comparte desde el corazón. La abundancia no se retiene, se multiplica. Da desde el amor: un gesto, una palabra, un regalo. Al dar, abres el canal para recibir.

Afirmación

*Yo soy un imán
de milagros y prosperidad.
Todo lo que necesito llega a mí con
facilidad, alegría y gracia divina.*

39.-Di "SÍ" a las bendiciones del Universo

"Cuando dices 'SÍ' desde al alma, el universo abre puertas que ni siquiera sabías que existían".

Decir "sí" a las bendiciones del universo, es abrir las puertas del alma para que entren la luz, el bienestar y el amor.

Muchas veces, por miedo, por inseguridad o por la falsa creencia de que "no merecemos", cerramos esas puertas y dejamos pasar oportunidades que podrían habernos transformado la vida. Pero el universo, paciente y amoroso, sigue llamando… sigue tocando… hasta que un día te atreves a responder con un SÍ lleno de fe.

Decir SÍ no significa aceptar cualquier cosa sin discernimiento. Decir SÍ es un acto sagrado de confianza. Es permitirte recibir lo que es bueno, lo que te nutre, lo que te eleva, lo que te expande, lo que está alineado con tu propósito y con la sabiduría de tu corazón. Un "SÍ" consciente abre caminos. Abre encuentros. Abre milagros. Abre destinos.

Hija mía, cuando dices SÍ desde la intuición, desde la alegría y desde la fe, tu alma se expande como un horizonte sin límites. Porque un corazón cerrado no puede florecer, pero un corazón que se atreve a abrirse, vive en constante primavera.

Recibir también es un arte espiritual. Cuando aceptas un regalo, un halago, un abrazo, una oportunidad o una mano que te ayuda, estás permitiendo que la energía divina circule sin restricciones. Te abres a la abundancia, a la gracia, al flujo natural del universo.

Dar y recibir forman parte de una misma danza sagrada. Interrumpir ese flujo —creyendo que solo puedes dar, pero no recibir— es como cortar la corriente de un río; el agua pierde su fuerza, se estanca y deja de nutrir todo a su paso. Recibir es honrar al otro, honrar la vida y honrar tu merecimiento.

Un "SÍ" bien dicho puede cambiar tu destino. Puede llevarte a experiencias inesperadas, a bendiciones que no imaginabas, a caminos que tu alma anhela desde antes de nacer.

El SÍ a las bendiciones del universo, abre ventanas donde antes solo veías paredes. Ilumina rincones de tu vida donde antes había sombra.

Hija mía, di SÍ a la vida. Di SÍ a las oportunidades que te eleven. A los aprendizajes, a las puertas nuevas, a las experiencias que despierten tu espíritu. Al amor cuando llegue sano, luminoso y verdadero. Di SÍ a tu crecimiento, a tu expansión, a tu grandeza.

Sé como el mar que recibe cada ola sin resistencia. Como la tierra que no le teme a la lluvia que la fecunda.

El universo siempre tiene un regalo más para ti… pero solo puede entregártelo cuando tú estás lista para recibirlo. Cuando tu alma está abierta, cuando tu corazón está despierto, cuando dices: "Sí, vida… estoy lista para todo lo bueno que tienes para mí".

Te ama,
Mamá

1. **Acepta los halagos con gracia.** No respondas restando valor. Di: "Gracias". Así empieza la apertura.

2. **Permite que te ayuden.** Recibir no te hace débil: te conecta con el flujo natural del dar y recibir.

3. **Atrévete a lo nuevo.** Si te invita la vida, si algo te inspira, si te despierta curiosidad… di SÍ.

4. **Di SÍ a las oportunidades que te expanden.** Aunque den miedo. El alma crece cuando sale de su zona cómoda.

5. **Escucha a tu corazón.** Tu intuición siempre sabe lo que "sí" es verdadero.

6. **Di SÍ a la alegría.** Permítete disfrutar sin culpa, sin reservas, sin explicaciones.

7. **Di SÍ a la abundancia.** La vida te quiere dar, pero necesita que abras las manos.

8. **Celebra cada vez que digas un SÍ alineado.** Ese gesto crea nuevos caminos dentro de ti.

Afirmación

Estoy abierta a recibir. Digo SÍ a la vida, a las oportunidades, y a todo lo que eleva mi alma.

40.-Crea en conexión con el espíritu

"Cuando creas en comunión con el espíritu, tus obras no solo existen… respiran, sanan y llevan la huella eterna de tu luz".

Querida hija,

En tu interior habita una chispa eterna del poder creador que te dio la vida. Esa luz no está fuera, no se encuentra en templos lejanos ni en maestros externos: vive en ti, respira contigo y te acompaña desde antes de nacer. Es tu guía, tu fuerza, tu sabiduría más pura y tu mayor tesoro. Conocerla es recordar quién eres; vivir desde ella es regresar a tu origen.

Cuando comprendes que eres un canal sagrado a través del cual se expresan el amor, la conciencia y la inteligencia divina, todo en tu vida cambia. Dejas de crear desde el ego, el miedo o la prisa, para empezar a crear desde un espacio de coherencia, propósito y humildad. Cada acción se vuelve oración, cada sueño se vuelve servicio y cada proyecto deja de ser solo tuyo para convertirse en una extensión del gran espíritu que te sostiene.

Todo lo que piensas, dices y haces, lleva una vibración. Cada palabra puede ser un puente de luz o una barrera de sombra. Por eso, procura que tu voz siempre nazca de la bondad, que tus pensamientos se eleven hacia lo verdadero y que tus acciones sean un reflejo de tu conexión con lo sagrado. Crear en comunión con el espíritu significa convertir tu vida entera en un altar.

La verdadera creación no consiste únicamente en hacer cosas nuevas, sino en darles alma. Es permitir que lo divino toque lo humano a través de tus manos, de tu mente y de tu corazón.

Cuando co-creas con el espíritu, lo que nace de ti no es solo bello… es vivo, tiene vibración, tiene propósito, tiene luz propia. Y esa luz influencia, sana, inspira y abre caminos incluso cuando tú no estés presente.

Piensa en cada proyecto, relación o sueño como una semilla sagrada que depositas en la tierra fértil del universo. Si la siembras con fe, amor, paciencia y pureza de intención, inevitablemente florecerá en su tiempo perfecto. Esa es la magia de co-crear con Dios, con el universo, con la fuerza divina; no fuerzas nada, no empujas nada, no controlas nada. Solo te alineas… y fluyes.

Crear en comunión con el espíritu también significa escuchar tu intuición; esa voz suave que viene de lo alto, esa certeza que no grita pero nunca se equivoca. Cuando escuchas a tu alma, recibes inspiración, guía y claridad sin esfuerzo. Es como si un viento invisible te mostrara cuál es el siguiente paso, qué decisión tomar, qué camino abrir o cuál cerrar.

Hija mía, crea siempre con el alma despierta. No hagas nada desde la obligación ni desde la carencia; hazlo desde la conciencia de que eres un instrumento del amor infinito.

Cuando el poder creador fluye a través de ti como un río imparable, todo lo que tocas se vuelve más luminoso. Todo lo que construyes lleva tu sello y el del cielo. Y aquello que nace desde lo divino permanece como una huella sagrada en este mundo.

Recuerda siempre que tu vida misma es tu creación más importante. Hazla hermosa, verdadera y alineada con tu espíritu.

Te ama,
Mamá

Tips para crear en comunión con el espíritu

1. Inicia cada creación con un momento de silencio. Respira, cierra los ojos y entrega tu proyecto al universo. La inspiración llega a las mentes serenas.

2. Pregunta a tu alma: ¿Esto viene de la luz? Si nace del miedo, del ego o de la prisa, su vibración será baja. Si nace de la luz, fluirá sin esfuerzo.

3. Sé un canal, no una fuerza de control. Deja espacio para que la vida te sorprenda. La verdadera creación siempre supera lo planificado.

4. Escucha tu intuición. La intuición es la voz del espíritu dentro de ti. Si algo no vibra bien, detente. Si vibra alto, avanza.

5. Mantén tu energía limpia. Tus obras llevan tu frecuencia. Trabaja desde la paz, no desde el caos; desde la gratitud, no desde la carencia.

6. Pide guía. Puedes hablar con la divinidad, tus ángeles, tu yo superior: "Muéstrenme el siguiente paso". Y la respuesta llega.

7. Fluye. Lo que está alineado se da con suavidad. Lo que se estanca te está diciendo que hay algo que ajustar.

8. Ancla tus creaciones en el amor. Todo lo que nace del amor tiene poder transformador. Es una ley espiritual.

Afirmación

Soy un canal sagrado del amor divino;
todo lo que creo fluye desde el espíritu,
iluminado, guiado y bendecido.

41.-El milagro, eres tú

"Eres polvo de estrellas respirando luz, un milagro quieto que camina, ama y transforma el mundo".

Querida hija,

Cada instante que respiras es un milagro. Cada latido de tu corazón es una confirmación de que la vida fluye a través de ti, recordándote que fuiste creada a imagen y semejanza del Poder Creador. Eso significa que no solo estás rodeada de milagros… tú eres uno de ellos.

Eres una manifestación viva de la Divinidad, con el poder de crear belleza, amor y transformación.

Tu cuerpo mismo es una obra maestra imposible de replicar: en un solo segundo, tu corazón puede bombear más de cinco litros de sangre; tus pulmones realizan miles de intercambios de oxígeno al día; tus neuronas transmiten información más rápido que un relámpago; tus células se renuevan silenciosamente mientras duermes; tu ADN contiene instrucciones tan precisas que, si se desplegaran sus cadenas, podrían llegar de la Tierra al Sol cientos de veces.

Todo esto sucede sin que tengas que pedirlo. Eres un universo completo en movimiento.

Y si miras hacia afuera, verás que el universo entero refleja esa perfección que habita en ti. Las estrellas nacen, brillan y mueren siguiendo ritmos que parecen respiraciones cósmicas. Las galaxias giran en espirales semejantes a tu ADN. Los planetas se sostienen en un equilibrio tan perfecto que cualquier variación mínima lo alteraría todo. El Sol danza en una armonía constante con la Tierra, regalándonos vida, luz y calor.

Nada es casualidad. Todo está diseñado con una inteligencia amorosa que también vive dentro de ti.

El milagro no está únicamente en los grandes acontecimientos, sino en lo simple y cotidiano. El aroma del café por la mañana, el canto de un pájaro, la sensación de la lluvia en tu piel, una mirada que te abraza sin palabras. Cuando aprendes a mirar con atención, descubres que la vida entera es un altar sagrado que se ofrece a tu gratitud.

Aprende a ver el mundo con los ojos de un niño: curiosos, expectantes, abiertos a lo nuevo. Un niño se maravilla con el vuelo de una mariposa, con la forma de una nube, con el sonido de la lluvia golpeando la ventana. No espera grandes sucesos para sentir gratitud, porque entiende que lo extraordinario habita en lo simple.

Esa capacidad de asombro es un tesoro del alma… y nunca debe extinguirse.

Mantener viva esa sensibilidad es un acto de amor hacia ti misma. Significa no permitir que la rutina, la prisa o las preocupaciones apaguen tu luz. Es elegir vivir despierta, abierta a la magia que se revela en los detalles, incluso en los días grises. Porque el milagro más grande no es que las cosas siempre salgan como deseas… sino que, incluso en medio de las tormentas, sigas encontrando motivos para sonreír y agradecer.

Hija, el milagro no solo está en tu cuerpo o en el universo… está en tu alma. En tus dones, en tu sensibilidad, en tu intuición. Está en tu creatividad, tu fuerza y tu ternura.

Nada de lo que eres es casualidad. Todo fue colocado dentro de ti con propósito divino: tu manera de sentir, tu forma de ver el mundo, tu habilidad para amar, tu capacidad para transformar. El universo entero habita en ti porque tú eres parte esencial de su danza eterna.

Eres parte de la obra más perfecta jamás creada. Cuando miras el mundo con ojos de amor y gratitud, los milagros se multiplican a tu

alrededor. Y cuando recuerdas que tú eres uno de ellos, la vida entera
se convierte en un acto de magia, una oración viviente, una celebración
sagrada; así que, hónrate y ámate como tal.

Te ama,
Mamá

Tips para reconocerte como el milagro que eres

1. **Practica la gratitud diaria.** Cada noche recuerda tres cosas simples que te hayan hecho feliz en el día.

2. **Agradece también a tu cuerpo.** Agradece tus manos, tu voz, tu corazón, tus sentidos. Cuando honras tu cuerpo, honras la inteligencia divina que lo creó.

3. **Conecta con tu respiración.** Cada inhalación es un regalo, cada exhalación una liberación. Respirar ya es un milagro.

4. **Observa con atención.** Tómate un momento para notar detalles que antes pasabas por alto: colores, sonidos, aromas. Aprecia el milagro de la creación.

5. **Explora tu creatividad.** Dedica tiempo a crear algo, aunque sea pequeño: pintar, escribir, cocinar, inventar.

6. **Abraza la curiosidad.** Pregúntate el "cómo" de las cosas como lo haría un niño.

7. **Encuentra milagros en lo cotidiano.** Haz de cada día un motivo para maravillarte, no importa lo sencillo que parezca.

8. **Reconócete como milagro.** Mírate al espejo y di en voz alta: *"Soy el milagro, soy la creación, soy la luz que vive en todo"*.

Afirmación

Soy un milagro perfecto de la creación. La divinidad vive en mí, me guía y se expresa a través de mí.

42.-Escucha tu corazón. Actúa desde el corazón

"Hay una voz que no se oye con los oídos,
pero se siente en lo más profundo,
una voz serena, antigua y sabia.
Esa voz es el corazón: el templo silencioso
donde habita la verdad.
Escucharlo es recordar el idioma
del alma; actuar desde él, es convertir
esa melodía en movimiento".

Querida hija,

La vida te hablará de mil maneras; a veces con certezas, otras con dudas. En medio del ruido, las opiniones y los caminos posibles, ten esto siempre presente: la brújula más sabia que posees late dentro de ti. Cuando no sepas qué hacer, detente, respira, cierra los ojos y lleva tus manos al corazón. Ese espacio sagrado —sereno, silencioso y profundo— guarda la respuesta que la mente no puede darte.

El corazón no solo late, ama y siente… también sabe. Tiene una inteligencia propia, una forma de percepción que trasciende la lógica y la razón. Es la voz de tu alma, el eco de lo divino en ti.

Desde niña escuché decir: "El corazón avisa". Con los años comprendí que no era solo una expresión: era una verdad universal. El corazón percibe lo invisible, intuye lo esencial y te guía hacia lo que está alineado con tu propósito.

La mente analiza, calcula, teme, revive el pasado o anticipa futuros inciertos; el corazón, en cambio, susurra con calma. Pero para oírlo, hay que acallar el ruido mental. Silenciar la mente no es tarea fácil: requiere presencia, serenidad y confianza.

La ciencia moderna comienza a confirmar lo que los sabios siempre supieron: el corazón tiene memoria, intuición y sabiduría. Es un órgano físico, sí, pero también un portal energético que te conecta con lo sagrado.

Cada vez que enfrentes una decisión, no te dejes guiar solo por la lógica o la presión de otros. Respira profundo, ve hacia dentro y pregúntate:

- ¿Qué se siente liviano?

- ¿Qué me da paz?

- ¿Qué me acerca más a mi verdad?

La voz del corazón nunca grita, pero quien aprende a escucharla, jamás se pierde.

Amor mío, el corazón no se equivoca: sabe antes de saber, comprende sin analizar y ama sin condiciones. Es un templo sagrado. Es el eco de tu alma, el mapa de tu verdad. Nunca lo ignores, nunca lo calles. Confía en él… porque él ya conoce el camino.

Mas escuchar no basta; hay que actuar. De nada sirve oír la voz del alma si no tienes el valor de seguirla.

Actuar desde el corazón no significa ser ingenua ni desatender la razón. Significa permitir que el amor sea tu brújula, que tus pasos estén guiados por la bondad, la coherencia y la intención de aportar luz.

Cuando tomas decisiones desde la rabia, el orgullo o la venganza, tu energía se ensombrece y eso que proyectas acaba regresando a ti. En cambio, cuando eliges desde la calma, la empatía y la verdad interior, todo se alinea a tu favor, incluso cuando los resultados tarden en llegar.

Escuchar tu corazón es un acto de valentía; actuar desde él, un acto de fe. Requiere honestidad, coherencia y la disposición de ser fiel a ti misma, aunque no sea el camino más fácil.

Hablar desde el corazón, es elegir palabras que construyan. Actuar desde él, es tomar decisiones que eleven. Ambos son expresiones del mismo amor consciente.

Recuerda: Cada persona con la que te cruzas, libra sus propias batallas. La compasión abre puertas que la imposición nunca podrá abrir.

Tal vez no todos entiendan tus elecciones y eso está bien. No viniste a agradar, sino a ser auténtica, y cuando lo eres, puedes dormir en paz, sabiendo que tus acciones fueron limpias, que tu alma estuvo presente y que tu intención fue amorosa.

Esa paz, hija, vale más que cualquier victoria aparente, porque cuando escuchas y actúas desde el corazón, vives en coherencia con tu esencia, y la vida —como un espejo compasivo— te devuelve exactamente eso: amor, claridad y propósito.

Te ama,
Mamá

Tips para escuchar y actuar desde el corazón

1. **Haz silencio para poder escuchar.** Dedica momentos de quietud cada día para aquietar la mente y reconectar con tu centro. La intuición florece en el silencio.

2. **Observa tus emociones.** Si algo te da paz, aunque dé un poco de miedo, es señal del corazón. Si algo te genera ansiedad o incomodidad, aunque parezca "correcto", quizás no es tu camino.

3. **Escucha tus corazonadas.** Confía más en las sensaciones que en los pensamientos… son mensajes del alma. Aprende a honrarlos.

4. **Haz una pausa antes de decidir.** No respondas desde la prisa ni desde la mente agitada. Siempre que puedas, duerme una noche antes de tomar una decisión importante.

5. **Escribe.** Lleva un diario donde puedas volcar tus emociones y preguntas. Muchas veces, al escribir, el corazón habla a través de ti.

6. **Confía.** Incluso si no entiendes el "por qué" de una decisión guiada por el corazón, verás que el tiempo te mostrará que fue la correcta.

7. **No busques respuestas afuera.** Escuchar al corazón requiere independencia emocional. Puedes pedir consejo, pero no entregues tu poder de decisión. Nadie más vive tu historia ni conoce tu propósito. Toma lo que resuene y el resto déjalo ir con gratitud.

8. **Actúa con coherencia.** Escuchar sin actuar es como oír el llamado del alma y darle la espalda. Si tu corazón te guía hacia algo, aunque te dé miedo, da el paso. La acción consciente es la forma en que el amor se manifiesta en el mundo.

9. **Equilibra razón y emoción.** Actuar desde el corazón no significa ignorar la lógica. Usa la mente como herramienta y el corazón como brújula. La sabiduría surge cuando ambos trabajan juntos, sin competir.

10. **Confía en los tiempos del alma.** A veces el corazón sabe antes que la mente, pero la vida necesita tiempo para alinearse con tu elección. No confundas el silencio del universo con abandono; a veces, es solo el eco del proceso en marcha.

11. **Mantente en gratitud constante.** Cada decisión tomada desde el corazón deja una sensación de paz y agradecimiento, incluso cuando el resultado no es el esperado. Esa paz es la confirmación de que actuaste desde la verdad.

12. **Recuerda que el amor es acción.** No basta con sentir compasión; hay que expresarla. No basta con tener buenas intenciones; hay que materializarlas. El amor no se queda en el pensamiento; se convierte en palabra, gesto y decisión.

13. **Vuelve siempre a tu centro.** La vida puede distraerte, las voces externas pueden confundirte, pero tu corazón —ese espacio sagrado— siempre te espera. Cada vez que dudes, regresa ahí. En su silencio hallarás dirección, propósito y paz.

Afirmación

Confío en la sabiduría de mi corazón.
Camino con fe, guiada por el amor
que habita en mí.

43.-Sé generosa

*"Da con manos abiertas, recibe con el corazón pleno
y camina por la vida como quien siembra estrellas
en cada paso, sin esperar que nadie las vea…
porque el universo siempre las devuelve
convertidas en amaneceres".*

Querida hija,

Vivimos en un universo regido por leyes invisibles pero poderosas. Una de ellas es la ley de la reciprocidad multiplicada: todo lo que das con amor, regresa a ti multiplicado.

El universo fluye como un río y la abundancia llega a quien mantiene sus manos abiertas… no a quien las cierra por miedo.

La generosidad auténtica no nace de la culpa ni del deber, sino del gozo profundo que sentimos al ver florecer al otro gracias a nuestro gesto. Es una manera de decirle al universo: *"Confío en que siempre tendré lo suficiente para mí… y también para compartir"*.

Cuando eres generosa, honras la divinidad que habita en ti. Te conviertes en un canal por donde el amor, la ayuda, la palabra, el tiempo o incluso un abrazo llegan a quien más lo necesita. Ser generosa es recordar que estamos aquí para bendecir el mundo con nuestra existencia.

La generosidad es un espejo del alma abundante. Una persona generosa no es aquella que da porque le sobra, sino la que da porque entiende que nunca le faltará. Porque sabe que al dar, no pierde… se expande. Porque sabe que el corazón que ofrece se vuelve más grande y la vida encuentra formas misteriosas de devolverle todo multiplicado.

Ser generosa es dar sin esperar nada a cambio. Es confiar en que el universo registra cada acto amoroso y lo devuelve cuando más lo necesites, aunque venga de otro lugar y en otra forma. Las semillas que siembras regresan en cosechas inesperadas.

No se trata solo de dar dinero o cosas materiales; puedes ser generosa con tu paciencia, con tu energía, con una palabra que alivie, con una mirada que abrace, con una oración que sostenga. A veces, el regalo más grande que puedes ofrecer es tu presencia entera y tu corazón despierto.

Pero recuerda también algo esencial: la generosidad nunca debe nacer del autoabandono. Dar no significa pasar por encima de tu bienestar ni cargar con lo que no te corresponde. La generosidad real es sabia: sabe poner límites; sabe diferenciar entre ayudar y perderse, entre apoyar y cargar.

Amor mío, sé generosa contigo misma. Date permiso de descansar. Regálate momentos de gozo, tiempo de calidad, risas, silencios, placeres simples. Trátate con suavidad, con paciencia, con amor incondicional. Una mujer que se brinda ternura a sí misma, puede dar a los demás en abundancia y sin resentimiento.

La generosidad es una forma de orar en silencio. Cada vez que das con alegría, cada vez que compartes sin contar, cada vez que alivias el peso de alguien, tu alma se ilumina un poco más. Y cada vez que te das a ti misma una pausa sagrada, una caricia del alma, un descanso merecido, estás honrando la divinidad que vive en ti.

Ser generosa es sembrar amor en tierra fértil y ese amor… tarde o temprano… regresa transformado en bendiciones. Dar desde la luz es recibir desde la gracia.

Nunca temas dar. Nunca temas recibir. Nunca temas amarte. Porque en ese equilibrio sagrado… vive el verdadero poder de la abundancia.

Te ama,
Mamá.

1. **Da desde el corazón, no desde la obligación.** Lo que se da con resentimiento, carga. Lo que se da con amor, libera y bendice.

2. **Practica la generosidad diaria.** Una sonrisa, una escucha sin interrupciones, una palabra amable pueden cambiarle el día a alguien.

3. **Comparte tus dones.** Todos tenemos algo que ofrecer: tu voz, tu arte, tu experiencia, tu fe. No subestimes lo que puedes aportar al mundo.

4. **Sé generosa contigo misma.** A veces pasamos por encima de nosotros mismos intentando llenar a otros. Tú también mereces recibir lo que das. Descansa. Celebra tus logros. Háblate con amor. El universo te trata como tú te tratas.

5. **Da sin esperar, pero recibe sin culpa.** Deja que otros también sean generosos contigo. El círculo de la abundancia funciona cuando el dar y el recibir están en equilibrio.

6. **Suelta el apego a los resultados.** No te preguntes "¿valió la pena?", sino "¿lo hice con amor?". El universo se encarga del resto.

7. **Ofrece presencia real.** A veces, escuchar sin juzgar es el acto más generoso.

8. **Practica la generosidad energética.** Bendice a otros en silencio. Envíales amor.

Afirmación

*Mi corazón es un canal infinito de
generosidad divina.
Doy con amor, recibo con gratitud y
estoy siempre sostenida por la
abundancia infinita del universo.*

44.-Mantén el balance

"El balance es la danza entre el dar y el recibir, entre la acción y el descanso, entre el silencio y la palabra".

Querida hija,

La vida es un baile constante entre el dar y el recibir, entre actuar y descansar, entre soñar y concretar. Cuando uno de estos lados pesa más que el otro, la armonía se rompe y el alma comienza a sentirse inquieta.

Mantener el balance es un arte sagrado, y como todo arte, se aprende con práctica, paciencia y amor propio.

En este mundo lleno de exigencias, distracciones y prisas, es fácil perder el equilibrio; trabajar de más y olvidarte de descansar, cuidar a todos menos a ti, o dar tanto a los demás que termines agotada emocionalmente.

También hay quienes, temiendo sufrir, se cierran al amor o a las experiencias nuevas, creyendo que así se protegen, sin notar que ese exceso de control también rompe la armonía interior.

Hija, el verdadero bienestar no se encuentra en los extremos, sino en ese punto sagrado donde tu cuerpo, tu mente, tu corazón y tu espíritu se sienten en paz.

El balance no significa que cada parte de tu vida reciba el mismo tiempo o atención, sino que aprendas a escuchar lo que necesitas en cada etapa y a darle espacio sin culpa.

Habrá días en que el alma te pida silencio y soledad, otros en que el corazón te pida compañía, algunos en que la mente te reclame disciplina y enfoque, y otros en que el cuerpo te pida descanso y ternura. Honrar esas necesidades es honrarte a ti misma; ignorarlas es una forma sutil de abandono.

Incluso la naturaleza vive en ciclos perfectos de equilibrio. El día y la noche, la luna y el sol, el movimiento y la quietud. Nada en el universo es permanente ni lineal.

Cuando intentas sostenerte solo en un polo —solo dar o solo recibir, solo correr o solo detenerte—, la vida te mostrará señales de desequilibrio: cansancio, frustración, enojo o vacío. Todo desequilibrio es un llamado del alma a volver a tu centro.

Este principio también rige las relaciones humanas, especialmente las de pareja. El amor florece cuando hay reciprocidad, cuando ambos corazones se sostienen con la misma entrega y cuidado. Cuando uno da más de lo que recibe, o recibe sin ofrecer, el vínculo se desequilibra y, tarde o temprano, aparecen el resentimiento, la frustración o la distancia emocional.

Dar y recibir son los dos pulmones del amor: si uno deja de respirar, la relación se asfixia. Amar no es sacrificarse ni exigir; es compartir energía en equilibrio, con respeto, ternura y libertad.

Amor mío, mantener el balance en una relación no significa contar quién da más o quién ama más, sino reconocer cuándo tu corazón se está drenando sin ser nutrido, o cuándo te estás cerrando a recibir por miedo a depender.

El amor consciente se construye en la danza entre el dar con generosidad y el recibir con gratitud. Solo así el flujo de la energía permanece vivo.

También es importante que busques el balance entre el hacer y el ser. No eres valiosa solo por lo que logras o produces. El descanso, la contemplación y el silencio también son formas de sabiduría. La mente necesita metas, pero el alma necesita pausas para recordarse quién es. Actuar desde el exceso desgasta; actuar desde la serenidad transforma.

El equilibrio no se alcanza una vez y para siempre. Es un ajuste constante, una conversación amorosa contigo misma.

A veces sentirás que pierdes el centro y eso es comprensible. El verdadero crecimiento está en darte cuenta, respirar profundo y volver a ti. Cada regreso a tu equilibrio es una victoria del alma.

Cuando aprendes a mantener el balance, evitas desgastarte, evitas perderte de lo verdaderamente importante y, sobre todo, te vuelves más consciente de que cada área de tu vida es un pilar que sostiene tu felicidad.

Equilibrar no es dividirte, es integrarte. Cuando vives desde ese centro, todo a tu alrededor encuentra también su armonía natural.

Recuerda, amor mío, que el universo siempre tiende al balance. Tu tarea no es forzarlo, sino fluir con él; porque cuando tu vida está en equilibrio, tu luz se vuelve clara, estable y constante. Y esa luz, hija mía, es la que ilumina tu camino y el de quienes te rodean.

Te ama,
Mamá

Tips para mantener tu balance interno

1. **Escucha a tu cuerpo y respétalo.** Si te pide descanso, descansa; si te pide movimiento, muévete.

2. **Pon límites claros.** Saber decir "no" es parte de mantener tu equilibrio emocional y energético.

3. **Haz espacio para ti sin sentir culpa.** Dedica momentos para recargar tu energía.

4. **No olvides tu vida espiritual.** La oración, la meditación o cualquier práctica que te conecte con lo divino es un ancla poderosa.

5. **Recuerda que el balance se reajusta cada día.** Pregúntate: *¿En qué área estoy invirtiendo demasiado? ¿A cuál estoy descuidando?* Ajusta antes de que el desequilibrio te pase factura.

6. **Practica el arte del dar y recibir.** Permite que la energía fluya de ambos lados. Recibir con gratitud es tan espiritual como dar con generosidad.

7. **Cuida tus cuatro centros: cuerpo, mente, emoción y espíritu.** Alimenta tu cuerpo con conciencia, tu mente con aprendizaje, tu corazón con vínculos sanos y tu espíritu con silencio y fe.

8. **Rodéate de equilibrio.** Busca la belleza en lo simple, la armonía en tu entorno, la paz en tus relaciones. Tu ambiente refleja tu estado interior; mantenerlo en calma te ayuda a mantener tu centro.

Afirmación

Vivo en balance en todas
las áreas de mi vida.
Doy y recibo con amor.
Actúo y descanso con conciencia.
Permito que todo fluya
en equilibrio perfecto.

45.-Aprende a decir "NO"

"Decir 'NO' no es cerrar el corazón…
es proteger la paz donde tu alma respira".

Decir "NO" no es un acto de egoísmo... es un acto de amor propio, de claridad interior y de profunda dignidad espiritual.

Cada vez que dices "SÍ" a algo que lastima tu paz, te estás diciendo "NO" a ti misma, y tú eres la última persona a la que deberías traicionar. No has venido a este mundo a cargar con los deseos, expectativas o demandas de todos. Tu alma es demasiado valiosa para vivir en complacencia eterna.

El "NO" es un límite sagrado que protege tu energía, tu tiempo, tu salud emocional y la luz que habita en ti. Cuando lo usas con firmeza y ternura, deja de ser una barrera y se convierte en un puente hacia tu verdadera esencia.

Decir "NO" es reconocer que tu bienestar importa. Es entender que tu paz no es negociable. Es honrar tu intuición, esa vocecita divina que te avisa cuando algo no es para ti.

No temas decepcionar a otros por respetar el llamado de tu voz interior. Quien te ama de verdad sabrá comprender tus límites, porque también querrá verte en equilibrio, en salud, en serenidad. Quien se ofenda, quien insista, quien manipule... no está alineado con tu bienestar y la vida te está mostrando eso con claridad.

Hija mía, un "NO" dicho a tiempo puede salvarte de mil tormentas.
Puede evitarte desgaste, culpas, resentimientos, cansancio extremo, relaciones tóxicas y caminos que no son tuyos. No temas

cerrar puertas que no conducen a tu paz; la vida te abrirá otras mucho más hermosas.

Recuerda esto siempre: decir "NO" en el momento propicio, es decir "SÍ" a tu alma. Es volver a elegirte. Es cuidar tu luz. Es recordarte que tu energía es sagrada, que tu tiempo es valioso y que tu corazón merece respeto.

Tus límites son como las raíces de un árbol fuerte; no siempre se ven, pero sin ellas el árbol no podría sostenerse. Así también tus límites sostienen tu vida interior. Cuanto más profundos, más firme caminarás. Cuanto más claros, más libre serás.

Tu valor no se mide por cuántos "SÍ" dices, sino por tu capacidad de honrarte sin miedo. Dios te dio libre albedrío, no para agradar a todos, sino para elegir lo que nutre tu alma.

Hija, que no te tiemble la voz para decir "NO" cuando tu corazón lo necesite. Ese pequeño acto, tan sencillo y tan poderoso, será uno de tus grandes aliados en la vida.

Honra tus límites, protégelos y defiéndelos con amor… porque dentro de ellos florece tu verdadera paz.

Te ama,
Mamá

1. **Escucha a tu cuerpo.** El cuerpo siente cuando algo no es para ti: se tensa, se cierra, se incomoda. Confía en esas señales.

2. **Haz pausas antes de responder.** No tienes que decir "SÍ" inmediatamente. Respira, piensa, siente.

3. **Di "NO" sin justificarte demasiado.** Una razón sencilla es suficiente. Tu paz no necesita largos discursos.

4. **Recuerda que no puedes complacer a todos.** Liberarte de esa carga te hará más auténtica y feliz.

5. **Practica "NO" internos.** Di "NO" a pensamientos que te sabotean, a culpas que no te pertenecen, a expectativas ajenas.

6. **Honra tus límites.** Hazlo como honrarías los de alguien que amas. Tus necesidades también importan.

7. **Rodéate de personas que respeten tus "NO".** Los vínculos sanos se fortalecen con límites claros.

8. **Repite este mantra.** *"Decir 'NO' también es amar".*

Afirmación

Mi paz es sagrada. Digo "NO" con amor, y digo "SÍ" solo a lo que honra mi alma.

46.-Es de sabios cambiar de opinión

"Cambiar de opinión no es perder el camino, es tener la valentía de ajustar la dirección para acercarte más a tu verdad".

Querida hija,

En la vida encontrarás momentos en los que lo que antes te parecía correcto ya no tendrá sentido; ideas que defendiste con pasión dejarán de resonar contigo, y creencias que juraste inamovibles se derrumbarán frente a nuevas experiencias, aprendizajes y despertares del alma. Eso no es un error… es evolución.

No te aferres a viejos paradigmas por orgullo, miedo o costumbre. La mente cambia, el corazón crece, la conciencia se expande; y en ese proceso, cambiar de opinión no es signo de debilidad, sino de crecimiento, humildad y profunda sabiduría.

El Universo está en constante movimiento, y tú también lo estás. Nada en la creación permanece estático; las estrellas nacen y mueren, las estaciones se transforman, las células de tu cuerpo se renuevan cada día. ¿Por qué tu pensamiento debería quedarse congelado en una versión antigua de ti misma?

Cambiar de opinión es abrirle espacio a la luz. Es reconocer que no lo sabes todo, y en esa aceptación humilde, permites que la vida te muestre nuevas puertas, nuevas perspectivas y nuevas verdades. Es decirle al Universo: "Estoy lista para ver más allá de lo que mis ojos veían. Estoy lista para crecer".

A veces defender una idea que ya no vibra contigo es cargar con un peso innecesario. La rigidez mental nos ata, nos encierra y nos quita libertad. En cambio, la flexibilidad —esa disposición a replantearte, a cuestionarte, a aprender— te permite fluir con el río de la vida, adaptarte a sus curvas, y disfrutar de su recorrido sin ahogarte en creencias que ya cumplieron su función.

No temas reconocer que estabas equivocada. Solo los corazones valientes pueden decir: "Ya no pienso así. He aprendido. He crecido". Eso habla de tu amor por la verdad y de tu capacidad de honrar tu propia evolución.

A veces cambiar de opinión será soltar una idea. Otras veces será soltar una versión pasada de ti. Y en ocasiones será soltar el miedo a decepcionar a otros para no traicionarte a ti misma.

También encontrarás momentos en los que la vida te mostrará que eras tú quien necesitaba transformarse. Cada cambio de opinión que te acerque a tu esencia es una victoria del alma.

Amor mío, cambia de opinión cuando tu corazón y tu sabiduría interior te lo indiquen. No te avergüences nunca de evolucionar. No te disculpes jamás por crecer. La vida es un viaje de expansión, y cada vez que permites que una nueva comprensión entre a tu conciencia, te acercas más a tu mejor versión, a tu verdad y a tu luz.

Recuerda siempre: el alma que evoluciona no se aferra al orgullo… se aferra a la luz de la comprensión, y esa luz te guiará siempre hacia donde debas estar.

Te ama,
Mamá

Tips para cambiar de opinión con sabiduría

1. **Pregúntate a ti misma si tus creencias actuales aún te representan.** Lo que fue verdad ayer, tal vez ya no lo sea hoy.

2. **Escucha sin prejuicios.** Aun si no estás de acuerdo, mantén la mente abierta para comprender otros puntos de vista.

3. **Observa tus emociones.** El apego a una idea muchas veces es apego al orgullo.

4. **Permite que la vida te enseñe.** Las experiencias nuevas están ahí para expandir tu conciencia, no para confirmar lo que ya sabes.

5. **Di "me equivoqué" con humildad cuando sea necesario.** Reconocerlo es un acto de madurez y amor propio.

6. **Honra tu evolución.** Cada pensamiento que transformas te acerca a tu mejor versión.

7. **Sé flexible contigo misma.** No te castigues por haber cambiado; celébralo como signo de crecimiento.

8. **Permite que tu corazón guíe tus cambios.** La verdadera sabiduría no proviene solo de la mente, sino de la intuición que vive dentro de ti.

9. **Celebra tu evolución.** Cada vez que cambias de opinión para alinearte con tu crecimiento, estás demostrando que estás viva, aprendiendo y en constante transformación.

Afirmación

Permito que mi corazón evolucione. Cambio,
aprendo y me transformo con sabiduría
y humildad.

47.-No es lo que dices, es cómo lo dices

"Habla desde el corazón, y tu voz se convertirá en oración, en medicina, en luz para el alma de quien te escuche".

Querida hija,

Las palabras tienen un poder inmenso. Son semillas que puedes plantar en el corazón de otros, pero también pueden convertirse en cuchillas si no se usan con conciencia.

La manera en que hablas, en cómo expresas tus pensamientos, emociones e ideas, puede marcar una gran diferencia. En la vida, se ganan más batallas usando la voz como canal de amor, que cualquier arma o argumento.

Las palabras son energía viva: pueden sanar o herir, construir o destruir. Cada una que pronuncias genera una vibración y esa vibración teje la realidad que te rodea, afectando tu cuerpo, tu entorno y a quienes te escuchan. Por eso, es tan importante hacer una pausa sagrada: respirar profundo y escuchar con el corazón antes de hablar. No se trata de callar, sino de comunicar con claridad, compasión y verdad.

Ser impecable con tus palabras significa hablar con amor, respeto y honestidad, evitando exageraciones, críticas innecesarias o juicios que puedan dañar, ya que no es solo lo que dices, sino también la intención y la emoción con que lo dices. Una verdad dicha con violencia no construye; una crítica envuelta en ternura puede sanar, y a veces, un simple "lo siento" o "te quiero" puede cambiar el rumbo de un día… o de una vida.

Hija, conecta tu boca con tu mente y tu corazón. Evita hablar desde el impulso, la rabia o el miedo. Habla desde la reflexión, la empatía y el deseo genuino de que tus palabras lleven luz.

Antes de hablar, pregúntate:

- ¿Es necesario decir esto?

- ¿Es el momento adecuado?

- ¿Puedo expresarlo sin herir, sin imponer, sin invalidar?

- ¿Estoy hablando desde el ego o desde el alma?

Y si no sabes qué decir… recuerda que a veces el silencio es la forma más amorosa de hablar. Tu voz puede ser refugio o tormenta.

He visto corazones romperse por palabras duras y también milagros florecer a partir de una frase amable. Una madre que consuela. Una amiga que anima. Un maestro que inspira. Un desconocido que ofrece aliento. Tú puedes ser todo eso para alguien, cada día, con cada palabra. Tu palabra es tu magia.

En muchas tradiciones antiguas se enseña que hablar es crear. Lo que dices toma forma. Por eso debes cuidar tus decretos.

Háblate con cariño, reconoce tus logros, perdona tus errores. Las palabras que usas contigo misma construyen tu autoestima y tu confianza. No digas sobre ti lo que no le dirías a alguien que amas. Evita frases como "no puedo", "no valgo", "no merezco". Haz de tu lenguaje interno un templo sagrado. Sé delicada incluso al poner límites. Decir una verdad con amor, es más poderoso que gritar una razón. Hablar con dulzura no es debilidad, es sabiduría.

Las palabras son más que sonidos: son frecuencias, decretos, vibraciones que recorren el aire y tocan el alma. Trátalas como lo que son: actos de creación. Cuando hablas con conciencia, tu voz se convierte en bálsamo. Puedes inspirar, calmar, unir, elevar, consolar. Incluso puedes sanar memorias dormidas en ti y en otros. Tu palabra puede abrir una flor… o cerrar una herida.

No hay magia más antigua ni más poderosa que la palabra pronunciada con intención. Los sabios lo sabían, los poetas, los chamanes, los amantes… Todos comprendían que una sola frase puede cambiar un destino.

Cuando hablas desde el corazón, tocas el alma, porque el alma reconoce lo auténtico; lo siente como un susurro de verdad.

Las palabras, cuando surgen desde el corazón, no buscan tener razón: buscan construir puentes. No se dicen para impresionar: se dicen para conectar. Cuando hablas desde ese espacio sagrado de verdad y ternura, tus palabras se vuelven semillas de amor que florecen incluso donde antes hubo dolor.

Amor mío, tu voz es una extensión de tu alma. Cada palabra que pronuncias, lleva tu vibración, tu historia y tu intención. Usa tu voz como instrumento de luz, porque al final del día, no es lo que dices… sino cómo haces sentir con lo que dices.

Te ama,
Mamá

Tips para cultivar una comunicación asertiva

1. Habla desde la intención, no solo desde la emoción. Si sientes enojo, espera. Las palabras nacidas del enojo dejan cicatrices.

2. Practica la escucha activa. No escuches para responder, escucha para comprender.

3. Utiliza palabras que construyan. Elogia, agradece, reconoce. El mundo ya tiene suficientes críticas. Sé voz de aliento.

4. Cuida tu lenguaje corporal. A veces lo que no dices con la boca, lo gritas con los gestos. Sé coherente.

5. Pide perdón cuando lastimes con palabras. A veces un "lo siento" dicho a tiempo salva vínculos que el orgullo rompería.

Afirmación

"Me expreso con amor, conciencia y serenidad. Mis palabras reflejan la paz y la luz que habitan en mi interior".

48.-Todo es una negociación

"La verdadera negociación no busca vencedores ni vencidos, sino acuerdos que fortalezcan las relaciones".

Querida hija,

La vida no es un camino de imposiciones, sino un constante intercambio. Cada día, a veces sin darte cuenta, negocias: con el tiempo, con tus emociones, con las circunstancias, con las personas que te rodean y, sobre todo, contigo misma. Entender esto es un acto profundo de sabiduría. La negociación no es lucha… es puente. No es competencia… es encuentro. No es ganar o perder… es armonizar.

La verdadera negociación no busca que una parte se imponga sobre la otra, sino que ambas crezcan, se comprendan y salgan fortalecidas. Los sabios antiguos decían que "la vida es un diálogo", y la psicología moderna confirma que las relaciones más sanas son aquellas donde ambas partes sienten que su voz es escuchada y sus necesidades son tomadas en cuenta. Negociar es, en esencia, aprender a escuchar tanto como aprender a expresarte.

Antes de tomar cualquier decisión, respira, escucha y observa con serenidad. Se ha demostrado que, cuando respiras profundo antes de responder, activas la parte del cerebro que piensa con claridad y desactivas la parte que reacciona por impulso. Por eso, hija mía, la calma siempre será tu mejor aliada antes de negociar cualquier cosa.

Recuerda que el universo nunca ofrece una sola opción. La vida, cuando estás en calma, te revela caminos alternativos, formas más suaves y creativas de lograr lo que deseas. No aceptes lo primero que se presente por miedo a que no haya más; el miedo es mal consejero. La abundancia es paciente.

Negociar desde el corazón significa tener claridad en tus valores y, al mismo tiempo, apertura en tu mente. Es saber qué no estás dispuesta a sacrificar y qué sí puedes flexibilizar. Negociar es bailar entre la firmeza y la flexibilidad.

Hija, en la vida todo es una negociación. No solo los acuerdos formales o las compras importantes, sino cada interacción humana. Cada relación es un intercambio de energía, de necesidades, de perspectivas.

Negociar no significa manipular, ceder por miedo o perder tu voz. Significa encontrar un punto donde ambas verdades puedan coexistir. Significa reconocer lo que es importante para ti y también para el otro, buscando una solución que honre ambas realidades. La comunicación consciente enseña que una negociación solo es verdadera cuando todas las partes se sienten vistas, valoradas y respetadas.

En las relaciones, saber negociar evita conflictos innecesarios. La mayoría de los problemas no surgen por falta de amor, sino por falta de diálogo. Negociar con amor, empatía y paciencia permite que los vínculos crezcan sanos, porque nadie pierde… ambos ganan en comprensión.

Cuando se trata de la relación de pareja, la negociación es un acto profundamente espiritual. Es reconocer que dos almas caminan juntas, pero no dejan de tener caminos internos distintos. Ninguna relación crece con imposiciones; crece con acuerdos, con conversaciones sinceras y con el deseo de comprender la mirada del otro.

En una relación madura, ambos expresan sus necesidades con claridad y escuchan con el corazón abierto, sin miedo y sin defensas. Negociar en pareja es decir la verdad con amor, poner límites con respeto y buscar soluciones que honren la paz de los dos.

Es recordar que la conexión es más importante que el orgullo, y que cuando dos personas aprenden a dialogar desde el amor y no desde la necesidad de tener la razón, el vínculo se vuelve más profundo, más estable y más luminoso.

La paz se sostiene cuando aprendes a decir: "Esto es lo que yo necesito. ¿Qué necesitas tú?" Ese es el punto donde nace la verdadera conexión.

Amor mío, todo en la vida puede dialogarse, incluso contigo misma. Negociar no es ceder tu poder; es aprender a usarlo con conciencia, sabiduría y compasión. Cuando negocias desde el amor y no desde el miedo, lo que recibes siempre será justo, equilibrado y en armonía con tu propósito.

La vida no te exige perfección, hija; te pide presencia, claridad y apertura. Y cuando negocias así, el universo te responde con abundancia.

Te ama,
Mamá

Tips para negociar con sabiduría

1. **Evita la impulsividad.** Las mejores decisiones se toman con mente serena y corazón abierto.

2. **Ten claro tu objetivo.** Antes de iniciar cualquier negociación, define lo que quieres lograr y por qué es importante para ti.

3. **Escucha activamente.** La verdadera negociación nace cuando escuchas para comprender, no solo para responder.

4. **Expresa tus necesidades desde el corazón.** Habla con claridad, sin imposición y sin miedo: "Esto necesito. Esto siento".

5. **Busca el punto de encuentro, no el punto de control.** La verdadera negociación honra ambas necesidades.

6. **No aceptes acuerdos que comprometan tu paz.** Si pierdes tu paz, pierdes más de lo que ganas.

7. **Sé flexible en la forma, firme en los valores.** Tu esencia no se negocia; tus métodos sí.

8. **Evita negociar desde el enojo.** El cerebro altera su juicio bajo estrés. Espera, respira y vuelve cuando tu corazón esté claro.

9. **En relaciones, piensa en "nosotros", no en "yo gano / tú pierdes".** Los vínculos se fortalecen cuando ambas partes sienten justicia y respeto

10. **Siempre hay más de una manera de llegar al mismo lugar.** La creatividad es tu aliada espiritual.

Afirmación

Negocio desde el amor, la claridad y la sabiduría. Siempre encuentro caminos que honran mi paz y mi verdad.

49.-Consulta a un experto

"Aprender a pedir consejo con conciencia, elegir bien a quién escuchar y saber discernir lo que resuena con el corazón, es parte de una vida guiada por la sabiduría interior".

Querida hija,

En la vida te encontrarás con muchos momentos de duda. Situaciones nuevas, elecciones importantes, giros inesperados… y es completamente natural que no siempre sepas qué camino tomar.

En esos momentos, buscar consejo es un acto de humildad y sabiduría. Pero no todos los consejos son iguales, ni todas las voces te guiarán por caminos luminosos; por eso, es vital elegir con conciencia a quién abres tu corazón y a quién prestas tus oídos.

Vivimos en una época donde abundan las opiniones. Todo el mundo tiene algo que decir, y muchos hablan desde sus propias heridas, desde sus temores no resueltos o desde las limitaciones de su propia historia.

Cada quien aconseja desde el nivel de conciencia en el que se encuentra, y eso significa que muchas veces lo que te dicen refleja más lo que ellos necesitan sanar que lo que tú realmente necesitas escuchar. Por eso, si necesitas guía, elige buscarla en personas que hayan recorrido el camino que tú deseas transitar. Personas que vivan con integridad, que tengan resultados visibles, que se expresen con amor y sabiduría, y cuya vida refleje paz, congruencia y éxito (no solo material, sino espiritual y emocional también).

Sé prudente con quién compartes tus dudas, tus sueños o tus dolores. No todas las miradas son limpias, ni todos los corazones saben celebrar la dicha ajena. Hay quienes, inconscientemente, intentarán sembrar miedo o desaliento para no sentirse atrás, para no confrontar sus propias carencias, o porque no soportan ver que alguien más ha encontrado la paz que ellos aún no tienen.

Esto no los hace enemigos, sólo almas que aún caminan con los ojos cerrados. Pero tú no estás obligada a quedarte donde la luz no crece. Busca siempre el consejo de quienes viven en coherencia, de aquellos cuya presencia inspira calma y proyecta luz. Ellos no te impondrán su camino, sino que te ayudarán a ver el tuyo con más claridad.

Aprende a escuchar con discernimiento. A veces recibirás opiniones que, aunque bienintencionadas, no vibran con tu verdad interior. En esos casos, agradece y sigue adelante. La verdadera guía, cuando es auténtica, no se impone, no apaga tu poder, no confunde ni genera miedo; te expande, te aligera y te devuelve a tu centro.

Confía en tu intuición. Toma el tiempo necesario para analizar lo que has escuchado y permite que tu corazón te ayude a filtrar lo que es para ti…y lo que no. La sabiduría vive en la escucha… pero también en la elección.

Recuerda que no todos se alegrarán de tus triunfos, ni todos te acompañarán en tus noches oscuras. Por eso es tan importante aprender a reconocer quién habla desde el amor y quién desde la herida. Y sobre todo, aprender a consultar también con el experto más sabio que existe: tu propia alma, esa voz silenciosa que nunca se equivoca cuando la escuchas en calma.

Hija, pedir consejo no es debilidad. Es un acto de humildad, de confianza y de apertura; pero recuerda: tú eres la capitana de tu destino. Los sabios pueden ayudarte a ver más claro, pero solo tú sabrás cuál es el camino correcto para tu alma. Así que, escucha con respeto, agradece con el corazón y elige desde tu verdad más profunda.

Ta ama,
Mamá

Tips para pedir consejo con conciencia

1. **Sé clara en lo que necesitas.** Antes de pedir consejo, identifica qué área de tu vida necesita guía: amor, trabajo, decisiones espirituales… eso te ayudará a buscar a la persona adecuada.

2. **Elige personas con experiencia y valores.** Busca guías que hayan transitado con éxito el camino que tú quieres recorrer. No solo por lo que saben, sino por cómo viven.

3. **Escucha con atención y sin juicio.** Agradece cada consejo recibido. Luego, obsérvalo, siéntelo y analiza si verdaderamente resuena contigo.

4. **Evita tomar decisiones impulsivas.** Tómate el tiempo de meditar, discernir y consultar con tu interior. El mejor consejo se convierte en sabiduría cuando se integra con el alma.

5. **Recuerda que la responsabilidad es tuya.** Quien te aconseja no vivirá las consecuencias. Por eso, aunque escuches con apertura, decide desde tu centro.

6. **Confía en tu guía interior.** El consejo más importante de todos… vendrá siempre desde tu corazón alineado con tu alma.

Afirmación

Abro mi corazón a la guía sabia de quienes han caminado antes que yo. Escucho, aprendo con atención y elijo lo que vibra con mi sabiduría interior.

50.-Sé selectiva de tu entorno

"Que tu círculo sea como un jardín de flores de loto: pocas, puras y bañadas de luz, para que tu corazón refleje siempre aguas claras".

Querida hija,

Una de las preocupaciones más grandes de una madre es que sus hijos se rodeen de malas compañías; de personas con costumbres negativas o que anden en malos pasos, ya que sabemos que el entorno influye mucho en su conducta, sus decisiones y su futuro.

A veces, esto llega a generar gran fricción porque, en su inocencia, les cuesta trabajo entenderlo y puede percibirse como un acto de control, de egoísmo o de incomprensión; pero en realidad, el entorno que eliges es como el suelo donde siembras tu alma: puede nutrirte o secarte.

Las personas con las que compartes tu tiempo, tus pensamientos y tu energía tienen un impacto profundo en tu vida, incluso más de lo que imaginas. Así como una flor no florece en un terreno árido y sin luz, tu espíritu no puede expandirse en un ambiente cargado de negatividad, chismes o envidias.

La calidad de las personas que nos rodean influye de sobremanera en nuestro bienestar integral. Ser selectiva no es ser egoísta; es un acto de amor propio. Elegir con cuidado es una forma de respeto para nuestro desarrollo y la vida que deseamos construir; por ello, la importancia de rodearte de personas que te inspiren, te eleven y te recuerden quién eres realmente.

No tengas miedo de poner límites y alejarte de aquellos que no suman a tu vida. Evita a quienes viven en la queja, el chisme o la crítica constante, porque su energía puede afectar tu visión de la vida y tu confianza. Recuerda siempre que tienes derecho a proteger tu paz y a elegir con quién compartes tu tiempo y tus sueños.

El tiempo es un regalo preciado que no regresa, así que debes ser extremadamente prudente en qué y con quién lo vas a invertir.

Rodéate de almas que eleven la tuya, que te inspiren a crecer, que te recuerden tu luz cuando sientas que la pierdes. Busca la compañía de quienes celebran tus logros con alegría sincera y te extienden la mano cuando tropiezas. Aprende a reconocer a las personas que solo buscan extraer tu energía sin darte nada a cambio; a esas almas en sombra, bendícelas y suéltalas con amor, pero no les des un asiento en tu mesa. No todos merecen acceso a tu corazón ni a tu mundo.

Las personas con las que convives pueden nutrir tu alma o drenarla. Así como el sol y el agua son esenciales para una planta, la energía y las intenciones de quienes te rodean son vitales para tu bienestar emocional, mental y espiritual.

Recuerda que la vibración de tu entorno influye directamente en tu estado emocional, en tu capacidad de ver con claridad y en la dirección de tus pasos. Si quieres paz, rodéate de gente en paz. Si buscas amor, comparte tu tiempo con personas que vivan desde el amor. La calidad de tu vida está directamente relacionada con la calidad de las personas que permites en ella. Así que cuida tu círculo como cuidas tu hogar: limpio, luminoso y lleno de amor.

Así como las llamas se encienden unas a otras sin perder su brillo, así las buenas compañías encienden en ti virtudes que quizá desconocías. Elegir la compañía que nutre la paz, la sabiduría y el bienestar es parte esencial del camino si deseamos una vida plena.

Te ama,
Mamá

Tips para un entorno positivo

1. **Evalúa tu círculo cercano.** Pregúntate quién te inspira, quién te desgasta y quién te impulsa a ser mejor.

2. **Elige conscientemente.** No se trata de cantidad, sino de calidad. Un solo amigo genuino vale más que cien relaciones vacías.

3. **Pon límites sanos.** Aprende a decir "no" sin culpa a conversaciones, personas o ambientes que afecten tu paz.

4. **Sé un buen entorno para otros.** Así como buscas personas positivas, esfuérzate por ser tú también alguien que inspire, motive y aporte luz.

5. **Haz limpieza energética.** Cada cierto tiempo, revisa tus vínculos y decide qué relaciones ya cumplieron su ciclo en tu vida.

Afirmación

Elijo conscientemente rodearme de personas que nutren mi alma, respetan mi esencia y me inspiran a ser la mejor versión de mí misma.

51.-Honra el sendero de cada persona

"Cada alma es un río que encuentra su mar; tu tarea no es cambiar su curso, sino bendecir sus aguas mientras fluyen hacia su destino".

Querida hija,

Así como cada río sigue su cauce, cada persona recorre un camino único. A veces quisiéramos acelerar el paso de otros, quisiéramos evitarles sufrimientos o mostrarles lo que creemos que es mejor. Sin embargo, cada experiencia, cada tropiezo, cada decisión —acertada o no— forma parte del aprendizaje que cada alma necesita para crecer.

Cada persona tiene su propia historia, sus heridas, sus sueños y su proceso de aprendizaje. No todos avanzamos al mismo ritmo ni por el mismo sendero.

En ocasiones, quisiéramos que nuestros seres queridos tomaran el rumbo que consideramos correcto, pero el tratar de imponerles nuestra visión puede alejarlos de su verdadero propósito. Lo más amoroso que podemos hacer es acompañar desde el respeto; ofrecer consejo únicamente cuando nos sea solicitado y recordar que, así como nosotros tenemos derecho a elegir, ellos también. En este respeto mutuo, liberamos el control y cultivamos relaciones más sanas, donde la confianza sustituye a la imposición.

Cuando sueltas la necesidad de que otros caminen como tú, te darás cuenta de que la belleza de la vida está en la diversidad de senderos.

Cada alma tiene su propio mapa y su propia brújula, y lo mejor que podemos hacer es bendecirlos para que lleguen a su destino en paz y con amor. No podemos vivir la vida de los demás, ni decidir por ellos, ni tratar de que piensen y actúen como nosotros. El amor verdadero es el que respeta la libertad del otro, incluso cuando no estamos de acuerdo con sus decisiones.

Habrá momentos en que verás a personas amadas tomar rumbos que no comprendes; es entonces cuando más debes practicar la paciencia y el respeto. Intervenir donde no has sido llamada o intentar cambiar a alguien por la fuerza no solo rompe la paz, sino que también debilita el vínculo. El verdadero acto de amor es confiar en que cada alma tiene su propio aprendizaje y que incluso de los errores nacen las mayores lecciones.

Nuestro deber es estar presentes, ofrecer nuestra luz y nuestro consejo cuando se nos pida, y luego soltar, dejando que el tiempo y la vida hagan su obra. No se trata de alejarnos con indiferencia, sino de acompañar desde la comprensión, sin forzar, sin manipular y sin esperar que actúen como lo haríamos nosotros.

Honrar el sendero de cada persona es un acto de amor y respeto; significa entender que no podemos controlar sus elecciones ni imponerles nuestro ritmo ya que cada persona tiene derecho de escribir su propia historia y caminarla con libertad.

Respetar el camino de otro es reconocer que cada alma viaja a su propio tiempo y que el amor verdadero no dirige, sino que camina a un lado, confiando en que todo está en orden divino.

Hija, recuerda que cuando honras el sendero de alguien más, también estás honrando el tuyo, porque el respeto y la aceptación son semillas que, cuando las siembras, inevitablemente florecen también en tu corazón. Así como en el bosque, cada ser crece según su esencia, en la vida, cada persona camina con su propio ritmo, sus pruebas y su sabiduría. Honrar ese sendero es un acto de amor y respeto por el misterio de la existencia.

Te ama,
Mamá

Tips para honrar el sendero de los demás

1. **Observa más y juzga menos.** Detrás de cada decisión hay una historia que quizás desconoces.

2. **Ofrece tu ayuda o consejo sólo cuando te sea solicitado.** Evita dar tu punto de vista o hacer comentarios si no te lo han pedido.

3. **Practica la empatía.** Ponte en el lugar del otro sin perder tu propio centro.

4. **Aprende a soltar el control.** Confiar en los procesos ajenos.

5. **Celebra los logros de los demás.** Comparte su felicidad con alegría.

6. **Escucha sin interrumpir.** A veces, las personas solo necesitan sentirse comprendidas, no corregidas.

7. **Evita imponer tu punto de vista.** Recuerda que tu verdad no siempre es la misma para todos.

Afirmación

Respeto y honro el camino de cada persona, confiando en que la vida guía a todos con sabiduría divina.

52.-Elige a tu familia del alma

"Porque hay vínculos que no están hechos de sangre,
sino de amor… y esos, son eternos".

A lo largo de la vida, conocerás a muchas personas. Algunas llegarán para quedarse; otras serán solo una estación en tu camino. Pero hay un grupo de almas con quienes sentirás una conexión profunda y duradera: una conexión que trasciende el tiempo, los apellidos y los lazos de sangre. A ese grupo lo llamamos "la familia del alma".

La familia no siempre se define por un árbol genealógico, sino por los hilos invisibles del amor incondicional. A veces el universo nos regala una familia distinta a la que nacimos; almas afines que vibran con la nuestra, que nos entienden, sostienen y acompañan con amor. Estar cerca de ellos es honrar el verdadero sentido de la unión: aquella que no necesita compartir la misma sangre, sino la misma luz.

Tu familia del alma puede estar formada por amigos, maestros, mentores o seres que simplemente llegan a tu vida con una energía que te hace sentir en casa. Son quienes te inspiran a evolucionar, te aceptan sin condiciones y te reflejan la mejor versión de ti. Cuidar esos vínculos es cuidar tu paz.

Sin embargo, hija mía, también es importante comprender que **no** todos los lazos de sangre son saludables. A veces, dentro del árbol familiar, existen ramas enfermas que impiden el crecimiento. Hay vínculos que hieren, manipulan o limitan; relaciones que, en lugar de nutrir, desgastan. Reconocer esto no es falta de amor; es un acto de consciencia y autocuidado.

Alejarte de quienes dañan tu paz no significa guardar rencor, sino elegir la sanación. Puedes tomar distancia sin odio, poner límites con compasión y liberar tu corazón de resentimientos. Recuerda: no se trata de cortar desde el enojo, sino de podar desde la sabiduría, como quien cuida un jardín. A veces es necesario cortar una rama para que el árbol florezca con más fuerza.

El perdón no siempre implica reconciliación, pero sí liberación. Al perdonar, te liberas del peso de lo que no puedes cambiar y abres espacio para relaciones más conscientes y amorosas. Tu bienestar emocional también es sagrado, y protegerlo es una forma de honrar la vida que te fue dada.

Crea un círculo de personas que te eleven, que te inspiren a ser mejor, que celebren tus logros sin envidia y te acompañen con sinceridad. Esa red de afectos verdaderos será tu refugio, tu templo emocional y tu familia del alma.

El amor se cultiva con presencia. No des por sentado el cariño de quienes te aman. Llámales, visítales, diles lo importantes que son. Abrázalos con el alma. Escúchalos con todo tu ser. El tiempo es efímero y el amor necesita demostrarse en vida.

Y cuando la distancia o los caminos te separen de alguien que amas, recuerda que donde hay amor verdadero, nunca hay separación real. Las almas que vibran en la misma frecuencia se reconocen más allá del tiempo y del espacio.

No importa cuán lejos vayas ni cuántos caminos recorras… siempre habrá un lugar donde eres amada sin condiciones. Ese lugar, amor mío, se llama *familia del alma*.

Te ama,
Mamá

Tips para honrar y fortalecer la familia del alma

1. **Reconoce a quienes vibran contigo.** Observa quién te comprende sin juzgarte, quién te escucha sin prisa y te impulsa a crecer. Esas almas son tu verdadera familia espiritual.

2. **Agradece y expresa tu amor.** No des por sentado a quienes te acompañan en tu camino interior. Diles cuánto los valoras, comparte palabras amorosas y tiempo de calidad. La gratitud fortalece el lazo invisible entre las almas.

3. **Sé también familia para otros.** A veces, tú eres el refugio que otro ser necesita. Brinda apoyo, escucha, comprensión y presencia. Cuando das amor sin condiciones, expandes la red luminosa de tu familia del alma.

4. **Crea rituales de unión.** No necesitas grandes gestos: una comida compartida, una meditación conjunta o una carta de gratitud son semillas que nutren los lazos del corazón. La energía compartida se vuelve bendición.

5. **Suelta la necesidad de pertenecer por obligación.** Honra a tu familia biológica, pero no te aferres a la idea de que solo ahí está tu hogar. La familia verdadera se reconoce por la paz que produce su compañía, no por la obligación de estar juntos.

6. **Cuida la energía del grupo.** Así como las raíces de un árbol se entrelazan, la energía de tu familia del alma se sostiene en equilibrio cuando hay respeto, sinceridad y crecimiento mutuo. Mantén tu vibración alta y ofrece siempre tu mejor versión.

7. **Recuerda: los lazos del alma trascienden el tiempo y el espacio.** Aunque la vida te separe físicamente de algunos seres, el amor verdadero no se rompe. Las almas afines se encuentran una y otra vez en esta vida o en las siguientes.

Afirmación

Honro a mi familia del alma. Agradezco a quienes me aman sin condición y caminan a mi lado en la senda del espíritu.

53.-Nadie llega a tu vida por casualidad

"Cada encuentro es un mensaje, cada relación es una lección, cada alma es un espejo. Agradece a quienes iluminan tu camino y también a quienes revelan tus sombras. Unos nutren tu luz; los otros te enseñan a encenderla".

Querida hija,

La vida es una escuela llena de encuentros significativos donde las casualidades no existen. Las personas que llegan a tu camino no lo hacen por azar ni por un capricho del destino. Llegan porque tienen algo que mostrarte, algo que enseñarte, algo que mover dentro de ti. Algunas traen amor, alegría, oportunidades y su presencia se siente como un abrazo del universo. Otras traen desafíos, sombras o dolor, pero incluso ellas, son maestras disfrazadas. Y aunque algunas de estas presencias puedan parecer incómodas o dolorosas, todas traen un mensaje, una enseñanza, una pieza del rompecabezas de tu evolución.

Todas las almas que cruzan tu vida tienen un propósito. No es casualidad: es sincronía. Es el universo conspirando para que aprendas, sueltes, perdones, ames o crezcas.

Tú también llegas a la vida de otros para ser maestra, guía o impulso de crecimiento. Cada encuentro es un reflejo de tu estado interno. La energía en la que vibras atrae experiencias y personas que están en esa misma frecuencia. Si vibras en miedo, atraerás situaciones que te empujen a superarlo. Si vibras en amor, atraerás más amor. Si estás en caos, aparecerán personas que te mostrarán el desorden que debes ordenar dentro de ti. De ahí la importancia de ver hacia adentro.

Cada vez que una persona o situación te incomode, en lugar de huir, culpar o preguntarte: "¿Por qué me pasa esto?", pregúntate con honestidad: "¿Qué puedo aprender de esto? ¿Qué parte de mí está siendo llamada a sanar? ¿Qué herida está pidiendo atención?

Elige mejor hacerles frente con serenidad y valentía, ya que si no aprendes la lección a la primera, la vida seguirá presentándotela con diferentes rostros, lugares y situaciones. No como castigo, sino como una oportunidad de crecimiento. Es como si el universo te dijera: "Aquí está de nuevo, hasta que la veas con amor y aprendas de ella".

Sanar es fundamental para elegir bien. Cuando no sanas, atraes desde la herida. Cuando sanas, eliges desde la claridad y el amor propio. Por eso, obsérvate con dulzura, trabaja en tu interior, abraza tus sombras y transforma aquello que ya no deseas seguir atrayendo. La evolución espiritual no es evitar lo que duele, sino comprenderlo, integrarlo y trascenderlo.

La vida es una escuela y cada relación es un curso que el alma elige para evolucionar. Cada persona que pasa por tu vida deja una huella. Algunas marcan el corazón con amor, otras con dolor, pero todas, absolutamente todas, dejan algo que te ayuda a crecer.

El alma jamás se equivoca en a quién invita a su historia. Cada mirada, cada encuentro, cada despedida es una pieza sagrada del plan divino de tu evolución.

Amor mío, que nunca te falte el valor para soltar lo que ya cumplió su misión, ni la humildad para agradecer lo que te enseñó, ni la sabiduría para reconocer cuando el universo te está mostrando una nueva versión de ti misma. Confía en la danza de los encuentros. Nada llega tarde. Nada llega al azar. Todo llega para ayudarte a despertar.

Te ama,
Mamá

Tips para aprender de cada persona que llega a tu vida

1. **Acepta que todo tiene un propósito.** Incluso las relaciones difíciles traen una enseñanza.

2. **Evita el papel de víctima.** No pienses en *"¿por qué me hacen esto?"*, sino en *"¿qué debo aprender para no repetirlo?"*

3. **Practica el discernimiento.** Aprender no significa tolerar lo intolerable. Puedes soltar a alguien y, aun así, agradecer lo que vino a enseñarte.

4. **Busca patrones repetitivos.** Si vives las mismas situaciones con diferentes personas, es una señal de que hay una lección aún pendiente.

5. **Pide guía al universo.** Ora y pregunta: *"¿Cuál es la lección aquí?"* La respuesta llegará en forma de intuición, sueños o señales.

6. **Agradece el aprendizaje.** Incluso si alguien te causó dolor, bendícelo internamente y suéltalo. Perdonar y agradecer son llaves para cerrar ciclos.

7. **Mantén tu vibración alta.** Cuando vibras en amor, gratitud y paz, atraerás personas y experiencias que reflejen esa energía.

8. **Observa sin juzgar.** Pregúntate: *¿Qué siento ante esta persona? ¿Qué parte de mí está reaccionando?* A veces, lo que más criticas en otro es algo que necesitas sanar en ti.

9. **Busca el aprendizaje oculto.** Cada relación, buena o mala, deja una enseñanza. ¿Te enseña paciencia? ¿A poner límites? ¿A valorarte más?

10. **No te apegues a lo que ya cumplió su ciclo.** Algunas personas vienen solo para una etapa. Déjalas ir con amor cuando su misión en tu vida termine.

11. **Sé también una buena maestra.** Pregúntate: *¿Qué estoy dejando en el corazón de los demás?* Que tu paso por la vida de alguien sea luz, no sombra.

Afirmación

*Atraigo a mi vida conexiones que
honran mi evolución.
Libero los patrones que ya no me
sirven y elijo relaciones desde el amor,
la claridad y la conciencia divina.*

54.-Evita meterte en donde no te llaman

"Quien camina en su propio sendero no tropieza con caminos ajenos; sabe que cada alma tiene su propio mapa sagrado".

Querida hija,

Hay una virtud que pocas veces se menciona, pero que habla de madurez, de sabiduría y de profundo respeto por la vida ajena: saber cuándo guardar silencio, cuándo observar sin intervenir y cuándo retirarse con amor sin imponer nada.

A veces, con la mejor de las intenciones, nos entrometemos en la vida de los demás. Tratando de ayudar, damos consejos no solicitados, opinamos sin que nos pregunten o tratamos de cambiar la visión de alguien, porque creemos tener "la razón". Y aunque tu corazón desee ayudar, es esencial recordar que cada persona tiene su propio proceso, su propio aprendizaje y su propio tiempo. Meterse en sus asuntos, incluso con buena intención, puede generar más confusión que claridad. Cada persona vive batallas internas que no siempre comprendemos.

No vinimos a vivir por los otros ni a resolver sus pruebas; vinimos a honrar sus procesos, así como deseamos que los nuestros sean respetados. Lo que para ti puede ser obvio, para otra persona puede ser una lección que apenas está comenzando. Lo que tú ya superaste con esfuerzo, otro apenas lo está enfrentando por primera vez. No todos tenemos el mismo nivel de conciencia, y eso no nos hace mejores o peores, sólo diferentes; así que evita juzgar, corregir, opinar o intervenir en situaciones que no te han sido confiadas. Tu presencia, tu luz y tu silencio amoroso, pueden ser más poderosos que cualquier palabra no solicitada.

Honrar el camino de otro es un acto profundo de respeto y amor. Significa confiar en que la vida le dará a esa persona las experiencias necesarias para crecer. Cuando nos entrometemos, podemos interrumpir procesos importantes y, a veces, cargar con responsabilidades que no nos corresponden.

Respetar el proceso de los demás, aunque sea distinto al tuyo, es una forma de amor elevado. Y si alguna vez te duele ver a alguien tropezar, recuerda que tú también aprendiste así y que a veces, el dolor es el maestro que el alma eligió para despertar.

Aprende a reconocer cuándo tu ayuda es bienvenida y cuándo es momento de guardar silencio. No todo requiere tu intervención; a veces, la mejor muestra de amor es dar espacio, escuchar y estar disponible cuando realmente te busquen.

El verdadero respeto hacia los demás, está en permitirles vivir sus experiencias, aprender de sus errores y encontrar sus propias respuestas. Así como nadie puede vivir por ti, tú no puedes vivir por los demás. Honrar sus tiempos y caminos es un regalo que, a la larga, fortalece los vínculos y el amor mutuo.

Mi tesoro, evita meterte en donde no te llaman, no por indiferencia, sino por respeto; por confianza en la sabiduría divina que guía cada corazón y por amor verdadero, que no busca controlar ni corregir, sino acompañar con compasión silenciosa.

Recuerda siempre: la flor no se inclina para corregir al árbol, ni el río se detiene a explicar su curso. Ambos fluyen… y en su fluir, enseñan.

Te ama,
Mamá.

Tips para evitar entrometerte

1. **Practica el arte del silencio.** Si no te piden tu opinión, respira profundo y guarda silencio amoroso.

2. **Pregúntate: "¿Me lo pidieron o sólo quiero intervenir?"** Esto te ayudará a discernir si tu ayuda es oportuna o invasiva.

3. **Honra el proceso del otro.** Todos estamos en etapas distintas. A veces, lo que parece un error es una lección necesaria.

4. **Evita juzgar.** Lo que no entiendes hoy, tal vez mañana tenga más sentido.

5. **Sé faro, no salvavidas.** Ilumina con tu ejemplo, no con imposiciones. Quien quiera luz se acercará.

6. **Respeta puntos de vista distintos.** La verdad tiene muchas caras y el que una no coincida con la tuya no la hace inválida.

7. **Confía en la guía divina.** Cada alma es guiada por una sabiduría superior. Confía en el proceso del otro como confías en el tuyo.

Afirmación

Respeto el camino de cada persona y confío en que la vida le dará exactamente lo que necesita para crecer.

55.-Cuando quieras que alguien cambie

"Amar no es transformar al otro; es aceptarlo tal cual es".

En la vida, habrá momentos en los que desearás que alguien que amas cambie por lo que consideras mejor o para evitarle sufrimiento. En ese momento, te pido que recuerdes que uno de los actos más liberadores que puedes realizar es dejar de intentar cambiar a los demás, especialmente a tu pareja o a tu gente más cercana. Por favor, tenlo siempre presente… no estás aquí para rescatar, corregir ni esperar milagros de quien no desea transformarse.

Cada ser humano está en su propio camino, a su propio ritmo, enfrentando batallas internas que muchas veces desconocemos. Es fácil señalar lo que otros deberían cambiar: su carácter, sus actitudes, sus palabras, pero la verdadera transformación empieza cuando tienes el valor de mirarte a ti misma y reconocer primero, qué puedes mejorar en ti.

Cuando queremos transformar al otro, lo hacemos desde el juicio o el miedo, creyendo que nuestra forma de ver el mundo, es la correcta y que, si el otro cambiara, todo estaría bien, pero no es así, mi cielo. El único cambio que verdaderamente transforma el mundo es el que nace dentro de ti.

Antes de pedirle a alguien que sea más paciente, pregúntate si tú practicas la paciencia. Antes de exigir respeto, observa si tú lo estás ofreciendo. La vida es un espejo: lo que das, regresa; y muchas veces, las actitudes de los demás reflejan nuestras propias áreas de trabajo interior. No se trata de culparte por todo, sino de recordar que el cambio más poderoso, siempre comienza en tu interior.

Cuando tú creces, tu entorno también lo siente y, poco a poco, las relaciones se transforman sin que tengas que imponer nada.

Cuando sueltas la necesidad de cambiar al otro, te liberas tú también y en ese espacio de aceptación, el otro tiene la libertad de evolucionar por sí mismo, si así lo elige. Amarte a ti misma es también saber cuándo soltar a quien no quiere avanzar.

Recuerda, amor mío, que no viniste a esta vida a corregir a nadie ni a convencer al mundo de que tus creencias son las mejores. Viniste a compartir, a construir, a florecer. Viniste a ser luz…y la luz no obliga: simplemente ilumina.

Si en algún momento te encuentras aguantando, justificando o esperando que "algún día cambie", detente, hija. No aceptes migajas ni te acomodes en relaciones unilaterales en las que solo tú llevas el peso. Quien te ama cambia sin que tengas que rogarlo. Quien te valora, te escucha, te cuida, se compromete, se transforma y lo hace no por presión, sino como un acto de amor. El amor verdadero no vive de promesas vacías ni de esperas eternas. El amor real se demuestra con hechos, compromiso y una voluntad sincera de crecer juntos.

No aceptes menos de lo que tu alma merece y, si alguna vez olvidas lo que vales, pon tu mano sobre el corazón y recuerda: "Quien me ama de verdad, elige crecer a mi lado, por amor, por respeto y porque sabe lo valiosa que soy".

El amor verdadero no busca moldear ni forzar. El amor verdadero abraza, comprende y respeta.

Recuerda, hija, tu misión no es cambiar a nadie. Tu misión es ser tú misma, con toda tu luz, con todo tu amor, con toda tu verdad y desde ese lugar, serás una inspiración silenciosa, una semilla de paz, una flor que florece sin forzar nada…y que atrae mariposas por la belleza de su autenticidad.

Te ama,
Mamá

Tips para evitar querer cambiar a los demás

1. **Acepta que cada persona está en su propio proceso.** No todos están listos para ver lo que tú ves y eso está bien.

2. **Observa si tu deseo de cambiar al otro proviene del miedo o del amor.** Si viene del miedo, respira profundo, vuelve a tu centro y trabaja en ello.

3. **Sé el ejemplo, no la corrección.** Lo que tú transformas en ti inspira más que mil palabras.

4. **Practica la compasión.** Detrás de cada conducta hay una herida, una historia, un aprendizaje pendiente.

5. **Fortalece tus límites desde el amor.** Aceptar no significa permitir abusos o faltas de respeto. Puedes amar desde lejos si es necesario.

6. **Enfócate en tu evolución.** Cuando tú cambias, las personas a tu alrededor también se transforman o se alejan. Ambos caminos son bendición.

7. **En el amor, las acciones dicen más que las palabras.** Las acciones son las que sostienen una relación, no las promesas vacías.

8. **No justifiques lo injustificable.** Si alguien no pone de su parte, no es falta de capacidad… es falta de voluntad.

9. **No te quedes esperando milagros.** El cambio verdadero nace del deseo interno del otro, no de tu esfuerzo por convencerlo.

10. **Aprende a soltar sin culpa.** A veces el mayor acto de amor es irte, para que ambos encuentren el camino que necesitan.

11. **Tu valor no está en lo que aguantas, sino en lo que eliges para ti.** Mereces reciprocidad, respeto y crecimiento mutuo.

Afirmación

El cambio comienza en mí,
y mi transformación
ilumina mi mundo.

56.-Para cuando tengas problemas amorosos

"Quien atraviesa las tormentas del amor con paciencia y conciencia, descubre que la lluvia sólo riega las raíces de un vínculo más profundo".

Querida hija,

Mi abuelo decía que para saber si una relación de pareja iba a funcionar, se tenían que ir a dormir en temporada de frío con sólo una cobija; porque si uno de ellos jalaba la cobija para su lado, el otro quedaría destapado, y eso sería un claro indicio de que la otra persona no era consciente y te dejaría "morir" de frío. Y el éxito de una relación no es obra del azar, es el resultado de dos corazones que, día a día, eligen amarse, comprenderse, crecer juntos y cuidar de que ambos estén cubiertos con la cobija.

A lo largo de la vida en pareja, surgirán días nublados, algunas tormentas inesperadas o sequías que pondrán a prueba la fortaleza del vínculo. Cuando te enfrentes a ellos, ten presente que, aunque la comunicación es el puente que une dos corazones, es importante reconocer el momento en el que el silencio es la mejor opción, ya que las palabras dichas en un momento de ira, pueden dejar cicatrices profundas.

Para ello se requiere respirar profundo, recuperar la calma y evitar tomar decisiones de las cuales te puedas arrepentir el día de mañana. Recuerda, hija, que el orgullo cierra puertas que el amor puede abrir.

Las relaciones amorosas son como un baile: requieren coordinación, respeto y voluntad de aprender juntos. Habrá momentos en que las emociones se enciendan y sientas que las diferencias pesan más que las coincidencias. En esos momentos, debes recordar que una relación sana no se trata de ganar discusiones, sino de construir puentes.

Aprende a hablar desde la calma y no desde la herida. Escucha con atención, no solo para responder, sino también para comprender. La solución no está en defender tu punto de vista, sino en buscar juntos un punto medio.

La comunicación asertiva es tu mejor aliada. Aprende a expresar lo que sientes sin herir y a escuchar sin interrumpir. Escuchar no es solo oír las palabras, sino intentar comprender el corazón que las pronuncia.

Si has cometido errores, no temas pedir perdón ni ceder. La humildad fortalece más que el orgullo.

Para que exista una relación sana, debe haber un balance entre el dar y el recibir, así que no tengas miedo de dar con generosidad, mas ten la capacidad de aceptar que mereces recibir de la misma manera.

Sé cuidadosa con quién compartes tus asuntos de pareja; las relaciones son como templos sagrados y no todos pueden entrar sin dejar huella. Mantén tu intimidad protegida y deja que tu corazón, en comunión con tu sabiduría interior, sea quien te guíe. Ten siempre presente que las únicas voces que realmente importan son las de quienes la viven. Nadie más conoce lo que se siente en lo más profundo de esa unión, ni los matices de cada conversación, ni el valor de cada gesto.

Cuando permitimos que terceros opinen, decidan o intervengan, abrimos la puerta a malentendidos, resentimientos y confusión. Incluso las personas con buenas intenciones pueden proyectar sus miedos, frustraciones o creencias sobre tu historia, y eso puede nublar tu visión.

Una relación sana requiere que ambos construyan sus propias reglas, aprendan de sus errores y fortalezcan su confianza mutua. Si tienen un desacuerdo, háblenlo entre ustedes. Si necesitan un consejo, búsquenlo en alguien imparcial y sabio, no en quien pueda tomar partido ni alimentar el conflicto.

Proteger la intimidad de tu relación no significa cerrarse al mundo, sino saber poner límites para resguardar lo más sagrado: el vínculo que ambos han decidido cuidar.

El amor en pareja es un hermoso jardín que requiere cuidado, paciencia y dedicación. No basta con plantar la semilla de una relación y esperar que crezca sola. Es necesario regarla con comprensión, nutrirla con respeto y protegerla con compromiso mutuo.

Y si después de intentarlo todo, descubres que el camino en común ha llegado a su fin, ten el valor de cerrar la puerta con dignidad y amor propio. De agradecer por los momentos vividos y por cada lección que te ha dejado, sabiendo que el amor verdadero siempre comienza por amarte a ti misma y que un final también es un nuevo principio. El éxito de una relación no se mide por cuánto tiempo dura, sino por cuánto amor, respeto y crecimiento mutuo se vivió en ella.

Te ama,
Mamá

Tips para relaciones saludables

1. **Escucha activa.** Cuando tu pareja hable, enfócate en entender antes que responder.

2. **Mantén la calma.** Evita tomar decisiones importantes en medio de una discusión o bajo la emoción.

3. **Eviten compartir detalles íntimos.** Ya sea con amigos o familiares que puedan juzgar sin conocer toda la historia.

4. **Que nadie se meta.** Jamás permitas que personas ajenas influyan en tus decisiones de pareja. Sé prudente a quién le cuentas tus problemas.

5. **Lenguaje consciente.** Elige palabras que sumen, no que hieran.

6. **Autorreflexión.** Pregúntate qué puedes mejorar tú antes de exigir cambios.

7. **Refuercen la confianza con honestidad y coherencia.**

8. **Pongan límites claros para proteger su relación.**

9. **Busca ayuda de un experto.** Si después de hablar ya bajo la calma no logran encontrar soluciones, la terapia, tanto personal como de pareja, siempre es una buena opción.

Afirmación

Protejo mi relación con amor, respeto y límites sanos. Fortalezco la confianza mutua y la comunicación asertiva.

57.-No puedes salvar a nadie, sólo mostrarles el camino

"Podemos encender faroles en el sendero, pero nadie puede caminar el puente por otro corazón".

Querida hija,

Uno de los aprendizajes más importantes de la vida es comprender que cada persona es responsable de sí misma. A veces, por amor, compasión o incluso por miedo a ver sufrir a los demás, queremos rescatarlos, resolver sus problemas o tomar decisiones por ellos, especialmente por aquellos que amamos profundamente; pero la verdad es que no podemos caminar el sendero de nadie más, ni nadie puede caminar el nuestro. Nadie puede ser salvado si no quiere salvarse. Por más que lo intentes, el cambio verdadero nace dentro de cada corazón y florece sólo cuando está listo.

Cuando intentamos salvar a alguien, corremos el riesgo de robarle la oportunidad más valiosa que tiene: la de aprender por sí mismo.

Las lecciones que más nos transforman son aquellas que enfrentamos con nuestras propias fuerzas y debilidades. Nadie puede sustituir ese proceso.

Eso no significa que no puedas ayudar o acompañar a alguien en su proceso. Puedes inspirar, tender una mano, brindar palabras de aliento, compartir tu experiencia o ser un faro que muestre la luz… pero siempre desde el marco del respeto. No puedes ni debes caminar el sendero por otra persona. Si intentas cargar con el peso que no te pertenece, terminarás agotada y quizá sin la fuerza para avanzar en tu propio camino, así que evita desgastarte intentando forzar cambios que la otra persona no quiere o no está lista para hacer. El verdadero cambio sólo nace de la voluntad interna.

Cuando logres aceptar que tu única responsabilidad es tu propia vida y la forma en que reaccionas ante lo que otros hacen, vivirás con más paz y libertad, y a veces esa paz es el mejor ejemplo para inspirar a otros a buscar la suya.

Amor mío, el verdadero acto de amor hacia alguien no es salvarlo, sino confiar en que puede salvarse a sí mismo. Recuerda siempre que tu luz es guía, pero no combustible para las alas de otros. Muéstrales el camino, pero deja que sean ellos quienes den el paso… porque la fuerza que se encuentra al caminar con las propias piernas, es la que verdaderamente transforma.

Nuestro papel no es moldear a los demás a nuestra imagen, sino mostrarles, con nuestro ejemplo y palabras, que existe otro camino. La verdadera transformación nace de adentro; lo que viene de fuera sólo puede inspirar, nunca imponer.

El mayor regalo que puedes ofrecer es tu ejemplo. Cuando vives con coherencia, amor y respeto, quienes te rodean sienten la fuerza de tu luz y, si así lo deciden, se acercan para aprender de ti. Esa es la verdadera forma de guiar: no forzando, sino mostrando el camino y confiando en que cada alma tiene su propio tiempo para despertar.

Tu misión no es rescatar, sino amar. Y la mayor ayuda que puedes dar, es ser tú misma la prueba viva de que la transformación es posible.

Hija, tu luz brilla más cuando no intentas ser la llama de otro, sino cuando iluminas el sendero para que cada uno encuentre su propio fuego.

Te ama,
Mamá

1. **Sé guía, no salvadora.** Comparte tu experiencia y ejemplo, pero evita imponer tu camino.

2. **Protege tu energía.** No cargues con problemas que no te corresponden.

3. **Respeta los tiempos.** Lo que hoy no entienden, quizás lo comprenderán más adelante.

4. **Practica el desapego.** Ayuda sin esperar que actúen como tú quisieras.

5. **Evita cargar problemas que no son tuyos.** Acompaña, pero no te pierdas en el proceso.

Afirmación

Confío en el tiempo y en el camino de cada alma. Ofrezco mi luz sin invadir su libertad.

58.-Aprende las lecciones del universo

*"La vida no se trata de evitar lecciones…
sino de aprenderlas con el corazón despierto".*

La vida está llena de lecciones disfrazadas. A veces se presentan como desafíos, a veces como pérdidas; otras, como personas que nos sacuden o situaciones que nos duelen; pero incluso en los momentos más difíciles, el universo actúa a nuestro favor, mostrándonos las partes de nosotros que necesitan más luz, más amor y más conciencia.

El universo no nos castiga ni nos premia; simplemente nos guía hacia el entendimiento de lo que aún no hemos comprendido.

Todo lo que ocurre, cada alegría y cada dolor, tiene un mensaje oculto destinado a hacernos crecer. Cuando aprendes a vivir desde esa mirada, todo cambia, porque comprendes que cada enseñanza que integras te convierte en una versión más sabia, más fuerte y más luminosa de ti misma.

El Universo no escoge maestros convencionales. Las lecciones pueden llegar de quien menos te lo esperas o de formas inusuales. Te enseñará a través de una palabra, un silencio, una ruptura, una espera, una casualidad. A veces, el maestro será alguien que te lastima o alguien que te inspira, o una etapa de tu vida que parecía un caos, pero que escondía una gran revelación.

Habrá momentos en los que sientas que algo "malo" te está pasando, cuando en realidad es una bendición disfrazada. Un rechazo puede ser una redirección. Un final puede ser un inicio. Una pérdida puede ser el espacio que la vida necesita para entregarte algo mejor.

No temas a los ciclos que se repiten. Si una experiencia vuelve una y otra vez, es porque el Universo te está diciendo: "Aún no lo has aprendido completamente". Cuando comprendas la lección, esa situación dejará de manifestarse; no por magia, sino porque tu alma ya habrá evolucionado.

Cada situación que vives está diseñada para mostrarte algo. A veces refleja una herida que necesita ser sanada, una creencia que limita tu camino o una fuerza interior que aún no has reconocido; por eso, en lugar de preguntarte "¿por qué a mí?", pregúntate con humildad y coraje: "¿Qué parte de mí necesita sanar, hacer paz, evolucionar?". No es culpa; es responsabilidad y asumirla es lo que te da libertad.

Cada vez que aprendes una lección, una parte de ti sana, se transforma. Aprender no siempre es entenderlo todo de inmediato; muchas veces es aceptar con humildad lo que no se puede cambiar, y confiar en que el universo sabe lo que hace.

Si alguien te irrita, tal vez te muestra tu impaciencia. Si alguien te abandona, quizás te enseña a sostenerte a ti misma. Si algo se cae o se derrumba, puede que el universo te esté ayudando a construir sobre cimientos más sólidos.

Nada ocurre por casualidad. Las almas con las que cruzas caminos están ahí para enseñarte, y tú también eres maestra para ellas. Cada relación, cada experiencia, cada instante, forma parte de la danza cósmica del aprendizaje espiritual.

Aprende a leer los mensajes invisibles, las pausas que el universo coloca en tu camino, las despedidas que te abren nuevos comienzos. Todo lo que ocurre tiene sentido. Y aunque la mente aún no lo entienda, el alma siempre sabe por qué.

Nada se pierde realmente. Todo cumple su propósito. El Universo nos enseña a soltar, a confiar y a mirar más allá de lo aparente.

Hay quienes dicen que hay que "dejar el pasado atrás", pero yo te digo: del pasado, quédate con las lecciones aprendidas y los buenos recuerdos. Lo demás… suéltalo. Cuando cargas culpas, resentimientos o reproches, estás atada a un tiempo que ya no existe; pero cuando guardas solo lo que nutre, caminarás más ligera, más libre, más viva.

Soltar no significa rendirse, sino comprender que forzar lo que no fluye, es una forma de resistencia al crecimiento. Cuando sueltas, abres tus manos para recibir algo nuevo y cuando agradeces —aún sin comprender—, el Universo sonríe, porque has entendido su lenguaje: el lenguaje del amor incondicional.

Te ama,
Mamá.

Tips para integrar las lecciones del Universo

1. **Lleva un diario de aprendizaje.** Escribe al final de cada mes. "¿Qué fue lo más difícil que viví? ¿Qué aprendí de ello?" A veces el simple acto de escribir te revela lo que no habías notado.

2. **Meditación de gratitud por los maestros invisibles.** Siéntate en silencio y honra mentalmente a las personas y momentos que más te han dolido… Agradéceles lo que vinieron a enseñarte. (No porque hayan actuado bien… sino porque tú decidiste aprender y crecer.)

3. **Pregúntate ante cada reto.** "¿Qué versión de mí está emergiendo gracias a esto?"

4. **Reflexiona en lugar de reaccionar.** Cuando algo te incomode, detente, respira y pregúntate. ¿Qué me está queriendo enseñar esto?

5. **Escribe una carta de gratitud al universo.** Agradece incluso por lo que no comprendes todavía. Esta práctica abre las puertas de la aceptación y la serenidad.

6. **Practica el desapego.** Aprende a disfrutar sin necesidad de poseer, a amar sin retener, a dar sin esperar. El desapego es libertad espiritual.

7. **Confía en los tiempos divinos.** El universo no se equivoca. Todo llega cuando tu alma está lista para recibirlo.

Afirmación

*Confío en la sabiduría del universo.
Todo lo que llega es para mi
evolución; todo lo que se va deja
espacio para mi crecimiento.*

59.-La disciplina es pieza clave

"La disciplina es el latido secreto del destino. Cada paso que das con constancia es un susurro que le dice al universo hacia dónde quieres florecer".

Querida hija,

La disciplina es ese puente silencioso pero poderoso que transforma los sueños en realidad. Desear algo abre la puerta... pero es la disciplina la que te toma de la mano y te guía a cruzarla.

La motivación es apenas una chispa: hermosa, luminosa, inspiradora... pero fugaz. La disciplina, en cambio, es la llama que tú misma alimentas día tras día, incluso cuando el viento intenta apagarla.

Ser disciplinada no significa vivir rígidamente ni sin espacio para la alegría o la espontaneidad. Significa tener la fuerza interior para honrar tus compromisos contigo misma, aun en los días en que te sientas cansada, dispersa o desmotivada.

A través de ella forjas tu carácter, fortaleces tu voluntad y desarrollas una confianza firme en ti misma. Aprendes que la verdadera libertad nace de la claridad, el enfoque y la constancia; que una vida organizada no te encadena, sino que te permite respirar con más ligereza y avanzar con más seguridad.

Hija mía, los sueños no se cumplen por accidente; se construyen con paciencia, amor y esfuerzo consciente. La disciplina es ese hilo invisible que une cada pequeña acción con la meta que anhelas. Es la llave que abre la puerta a la vida que imaginas, y también la guardiana que te sostiene cuando la duda o la pereza intentan desviarte.

Cuando tienes claridad en lo que quieres, la disciplina se convierte en tu aliada más fiel. Es la que te levanta cuando preferirías dormir un poco más, la que te acompaña a estudiar cuando otros descansan, la que te enseña a elegir lo importante por encima de lo inmediato.

Con el tiempo comprendes que no existen pasos pequeños cuando se dan en la dirección correcta. Los grandes logros nacen de la suma de cientos de gestos sencillos repetidos una y otra vez. La constancia convierte lo imposible en inevitable; y en ese camino, descubres también que la disciplina no se alimenta solo de voluntad, sino de claridad, de orden y de hábitos significativos. Porque una mente clara sabe lo que quiere, una vida ordenada sostiene el propósito y los hábitos sagrados crean la estructura que te impulsa hacia adelante.

Siembra esfuerzo con amor cada día y, cuando menos lo imagines, estarás cosechando los frutos de tus sueños cumplidos.

El universo siempre bendice a quien actúa con fe, constancia y corazón.

La disciplina es el puente entre el deseo y la realidad. Cultívala, cuídala, honra ese compromiso diario contigo misma. Porque cada acto de constancia es un voto silencioso de amor… un "sí" profundo a la vida que realmente quieres vivir.

Te ama,
Mamá

Tips para cultivar la disciplina

1. **Sé constante más que perfecta.** Un paso pequeño cada día es mejor que grandes esfuerzos esporádicos. Lo pequeño es sostenible; lo constante transforma.

2. **Crea rituales diarios que te eleven.** Lectura, meditación, movimiento, organización del día… son anclas que alinean tu mente y tu energía.

3. **Ordena tus espacios y tu entorno.** El orden exterior crea orden interior. Trabajar y vivir en un ambiente limpio te da claridad y enfoque.

4. **Usa la regla de los 5 minutos.** Si algo toma menos de 5 minutos, hazlo en el momento. Esto evita acumulación de pendientes y fortalece tu fuerza de acción.

5. **Prioriza lo importante sobre lo urgente.** La urgencia te distrae; la importancia te construye. Pregunta siempre: "¿Esto me acerca a mi sueño?"

6. **Elimina distractores con amor, no con culpa.** Pon límites al celular, a los hábitos que drenan tu energía y a las personas que te desenfocan.

7. **Celebra cada avance, por pequeño que parezca.** La celebración nutre tu motivación interna y refuerza tu identidad disciplinada.

8. **Sé compasiva y paciente conmigo misma.** Si las cosas no salen como deseas, vuelve a empezar sin castigarte.

9. **Crea un horario y cúmplelo.** La disciplina necesita estructura.

Afirmación

*Cultivo mi disciplina con amor
y constancia; cada día doy pasos
que honran mi propósito y
me acercan a la vida que sueño.*

60.-Toma tiempo para divertirte

*"Porque tu alma también necesita jugar,
reír y danzar para florecer".*

Querida hija,

En este camino de autoconocimiento, responsabilidad y crecimiento interior, hay algo que nunca debes olvidar: la importancia de divertirte. De reír sin motivo, de hacer locuras con el alma ligera, de bailar sin ritmo. De permitirte ser niña, aun siendo mujer.

A veces nos enseñan que madurar es volverse seria, que crecer es dejar atrás los juegos, que ser responsable significa postergar todo placer hasta que "haya tiempo". Pero el tiempo nunca se encuentra… se crea.

La vida no es una sala de espera. Es un parque, un mar, una canción. No viniste a esta vida solo a aprender, trabajar o resolver. Viniste también a disfrutar, a florecer, a tocar la eternidad con tus sentidos despiertos, a celebrar la maravilla de estar viva, y eso, mi amor, también es parte de tu espiritualidad.

No tengas miedo de ser "demasiado alegre", "demasiado libre" o "demasiado soñadora". La alegría es una forma de oración. Cuando ríes con el corazón abierto, estás orando. Cuando saltas de felicidad, estás agradeciendo. Cuando juegas, te reconectas con tu esencia más pura. El gozo no es superficial; es sagrado. Es una medicina ancestral que equilibra tu energía, eleva tu vibración y te recuerda que viniste a este mundo a crear memorias que te hagan sonreír incluso en los días difíciles

Dentro de ti habita una niña mágica. Curiosa, creativa. Inocente. Ella es tu brújula cuando te sientas perdida. Es la que te susurra: "¿Y si jugamos?¿" "Y si bailamos bajo la lluvia?¿" "Y si nos reímos hasta que nos duela la panza?"

Escúchala, abrázala, sácala a pasear. Haz cosas tontas con ella; cosas que no tengan objetivo más que hacerla feliz; porque una mujer que honra a su niña interior, es una mujer que nunca se apaga.

Divertirse no es un lujo, es una necesidad del alma. Tómate tiempo para ver películas que te hagan reír, para jugar con los animales, para cantar a todo pulmón, para hacer manualidades, ensuciarte, inventar. Deja espacio para lo absurdo, lo espontáneo, lo inesperado. Ahí vive el espíritu. Ahí se oxigena la vida. Las personas más sabias que he conocido no eran las más serias; eran las que sabían cuándo reír, cuándo soltar, cuándo bailar.

Crea momentos que se conviertan en recuerdos sagrados. La vida no se mide en logros… se mide en memorias.

En los días en que el cuerpo ya se sienta cansado, recordarás los paseos sin rumbo, las carcajadas con los amigos, los juegos de mesa, los viajes locos, las noches de fogata, los juegos en la lluvia…Esos momentos te sostendrán. Te recordarán por qué vale la pena vivir.

La risa también es sabiduría. Ríe de ti misma; de tus errores, de las cosas que no salieron como planeabas. Eso te liberará. La gente que se ríe de sí misma tiene un superpoder: ya no teme al juicio, ya no carga peso innecesario y vive más ligera; así que diviértete, hija mía. No porque la vida sea fácil, sino porque tú fuiste hecha para brillar incluso en medio de la tormenta, y tu luz, cuando se mezcla con la risa… se convierte en milagro.

Te ama,
Mamá

Tips para cultivar la alegría

1. **Regálate momentos de juego y ligereza.** Haz algo que te haga reír, sin propósito alguno más que disfrutar. La risa libera energía estancada y renueva tu vibración.

2. **Aprende a descansar sin culpa.** El alma también necesita pausas. Un día de descanso no es tiempo perdido, es energía recuperada.

3. **Haz una lista de cosas que te hacen feliz.** Pueden ser cosas sensillas como pintar, caminar descalza. Haz al menos una cada semana.

4. **Conecta con tu niña interior.** Haz aquello que disfrutabas en tu infancia —dibujar, bailar, cantar, mirar las estrellas—. Tu niña interior es el guardián de tu alegría.

5. **Rodéate de personas luminosas, personas que eleven tu espíritu.** Gente que ría, que celebre, que te haga sentir libre. La compañía alegre, simple y sincera es una medicina para el alma.

6. **Agradece los momentos simples.** La diversión no siempre está en los grandes planes. Muchas veces se esconde en lo cotidiano: una conversación ligera, una caminata, una sonrisa compartida.

7. **Crea tus propios rituales de alegría.** Un baile mañanero, una canción favorita, un dibujo tonto cada domingo. Crea momentos de juego… solo porque sí.

Afirmación

Me permito disfrutar la vida con
ligereza y gratitud.
Mi risa es una oración y mi alegría,
una ofrenda al universo.

61.-Dedícate a lo que te dé felicidad

"La felicidad no se busca; florece dentro de ti cuando te permites ser quien realmente eres".

Querida hija,

La vida es demasiado valiosa para desperdiciarla en caminos que no encienden tu alma. Antes de elegir un trabajo, un proyecto o una actividad, pregúntate siempre: ¿Esto me llena de alegría? ¿Me hace sentir viva?

La felicidad no es un lujo… es una necesidad del alma. Cuando haces lo que amas, no solo prosperas tú, sino que elevas la energía del mundo que te rodea.

Evita tomar decisiones pensando solo en el dinero, en complacer a los demás o en seguir lo que la mayoría hace. Lo que realmente dará frutos duraderos y llenará tu corazón será aquello que te apasione, lo que haga que pierdas la noción del tiempo y despierte tu creatividad. Porque cuando algo te da felicidad, te conecta con tu esencia divina, y ahí es donde tu alma recuerda quién es y para qué vino.

Cuando haces lo que amas, el dinero, las oportunidades y las bendiciones llegan como consecuencia natural, no como objetivo principal. El Universo siempre respalda a quienes viven en coherencia con su propósito y vibran en la frecuencia del gozo. La alegría es un imán espiritual. Lo que haces desde el amor multiplica la abundancia, la salud y la paz interior.

La vida es un constante cambio. Lo que hoy amas profundamente, quizás en el futuro ya no te inspire de la misma manera. No te sientas atada por compromiso, costumbre o miedo al "qué dirán". La fidelidad más importante es contigo misma. Tu alma sabe cuándo es momento de cerrar una etapa para abrir otra. Escúchala y honra sus llamados, incluso si eso significa empezar de nuevo. Cada renacimiento es un acto de valentía y también una forma de amor propio.

Dedica tus días a lo que encienda tu alma y haga brillar tus ojos. No vivas para agradar, vive para sentirte plena. La felicidad no se encuentra en las expectativas ajenas, sino en la serenidad de saber que tus pasos siguen el latido de tu corazón. Y cuando caminas en armonía con tu alegría, la vida misma se convierte en una oración, en una ofrenda de amor hacia ti y hacia la creación.

Amor mío, hacer lo que te da felicidad no es egoísmo, es sabiduría. Quien se dedica a lo que ama, irradia luz; y esa luz toca e inspira a otros sin siquiera proponérselo. Servir desde el gozo es una de las formas más puras de servir a Dios.

Hija, que nunca te falte el valor para seguir la voz de tu corazón, aunque te lleve por senderos desconocidos. La felicidad no se busca… se cultiva. Se construye con presencia, con pasión y con gratitud.

Que cada paso que des sea un acto de amor hacia ti misma, y que la felicidad sea siempre tu brújula. Y si algún día dudas de qué rumbo tomar, no busques las respuestas afuera. Vuelve a tu interior. Respira, aquieta tu mente, y escucha el suave murmullo de tu alma. Ahí, en ese silencio, encontrarás la luz que te guiará de regreso a aquello que realmente te hace vibrar.

Te ama,
Mamá

Tips para vivir en coherencia con tu felicidad

1. **Escucha tu corazón.** Aquello que te emociona profundamente no es casualidad; es una guía del alma que te muestra el camino hacia tu propósito.

2. **Transforma tu pasión en servicio.** Cuando compartes tu talento con amor, la felicidad se expande y toca la vida de los demás.

3. **No temas reinventarte.** La felicidad cambia de forma con las etapas de tu vida. Atrévete a soltar lo viejo y abrazar lo nuevo con confianza.

4. **Evita compararte.** La plenitud no se mide por lo que otros logran, sino por la paz que sientes al hacer lo que amas.

5. **Haz pausas para reconectar.** La felicidad se cultiva en la presencia. Respira, contempla, agradece; esos momentos nutren tu energía vital.

6. **Haz una lista de actividades que te den energía.** Haz otra de las que te la quitan; elige dedicar más tiempo a las primeras.

Afirmación

Elijo dedicar mi energía
a lo que me llena
de amor y propósito.

62.-Somos uno con la Tierra

"Honra tu hogar sagrado, respeta toda forma de vida, camina con conciencia y amor por el sendero de este mundo".

Este planeta no es solo un lugar donde habitamos… es nuestro hogar sagrado. Es un ser vivo que respira, late, siente y sostiene toda la existencia.

No estamos separados de la Tierra, somos parte de ella; sus células vivas, su expresión consciente, y cada acción que realizamos —por pequeña que sea— tiene un eco en su cuerpo y en su historia. Y aunque nuestra estancia en ella es breve, el legado que dejamos trasciende más allá de nuestra vida.

Amor mío, la Tierra es el cuerpo vivo de la Divinidad, es una gran escuela donde cada elemento te recuerda quién eres y te guía hacia tu verdad más profunda.

Cuando estés perdida o cansada, no busques respuestas en el ruido del mundo… ve a la naturaleza. Ella no grita para ser escuchada y, aun así, lo dice todo.

Mira cómo los árboles sueltan sus hojas sin miedo… y vuelven a florecer. Observa cómo el río evita la lucha y fluye alrededor de las piedras. La naturaleza no se apura, no duda ni resiste. Confía en su ritmo. Confía en su esencia. Y tú, hija, formas parte de esa misma inteligencia sagrada. El pulso que mueve las olas… vive en tu corazón.

Hija, en la naturaleza habita lo eterno. Cuando abrazas un árbol, abrazas al universo entero. Cuando bailas bajo la lluvia, tu niña interior despierta. Al contemplar el cielo, recuerdas que el infinito vive en ti.

Eres naturaleza —aire, tierra, fuego y agua. Eres raíz, flor y fruto. Eres ritmo, templanza, renacimiento. Camina descalza por la tierra húmeda. Respira el aire fresco del amanecer. Siente el sol abrazando tu piel. Abraza un árbol y escucha su silencio lleno de historias. Nada en el río o en el mar y permite que el agua te purifique. Deja que el viento se lleve tus cargas y que el fuego te recuerde tu fuerza interior. Que la luna te enseñe que siempre puedes comenzar de nuevo.

Ama la Tierra, hija. No solo la disfrutes: honra, escucha, protege, agradece. Regresa a ella cada vez que quieras volver a ti misma. La naturaleza será siempre tu casa, tu refugio y tu medicina sagrada.

Trabaja por tu felicidad sin dañar el bienestar de otros. La verdadera plenitud no pisa, no juzga, no hiere. Florece respetando. Amar la Tierra es también amar la diversidad humana. Cada alma camina con su historia y su verdad. Lo distinto no amenaza... enriquece. Tu verdad no necesita ser igual a la de los demás para ser valiosa.

Hija de mi alma, no viniste a conquistar el mundo, sino a convivir, sanar y amar. Coexistir significa honrar la vida en todas sus formas. Las plantas, los animales, los ríos, las montañas, el viento... todo tiene espíritu, memoria y energía. Y así como tú mereces amor y respeto... ellos también.

Pon tu granito de arena. No tienes que salvar el planeta entero, pero cada elección tuya influye a futuro: lo que consumes, lo que proteges, lo que siembras, lo que cuidas, lo que permites y lo que rechazas. Lo que haces hoy, otro lo vivirá mañana.

No vinimos a dominar la Tierra, vinimos a cuidarla y aprender de ella. A sanarla mientras ella nos sana. En cada hoja, ola y brisa hay un mensaje de amor del Creador para ti.

Amor mío, que tus pasos sean suaves, que tus palabras lleven conciencia y que tu alma recuerde siempre: somos uno con la Tierra… y con todos sus seres.

Te ama
Mamá

1. **Camina descalza.** Siente la tierra, la hierba o la arena. Permite que tu energía se armonice con la del planeta.

2. **Dedica silencios a la naturaleza.** Siéntate bajo un árbol, junto al mar o frente a una planta. Observa sin expectativas. Escucha. Respira. Conecta.

3. **Planta vida.** Un árbol, una flor, una hierba medicinal o incluso una semilla en una maceta. Cada planta es un acto de amor hacia el futuro.

4. **Reduce, reutiliza y elige con conciencia.** Elige productos sostenibles cuando puedas y evita el desperdicio siempre que sea posible. Pequeños actos diarios crean grandes cambios.

5. **Honra a los animales.** Respeta su vida, su espacio y su energía. Obsérvalos como maestros del equilibrio natural.

6. **Vibra en compasión.** El planeta necesita más comprensión que perfección. Haz tu parte desde el amor, no desde la culpa ni la superioridad.

7. **Da gracias cada día a la Tierra.** Párate descalza sobre ella. Abrázala con tu corazón. Dile: *"Gracias por sostenerme, por nutrirme, por permitirme vivir esta experiencia humana"*.

8. **Cuida tu espacio verde.** Mantén tu hogar con plantas, flores o un pequeño jardín. La naturaleza en casa es naturaleza en tu alma.

9. **Abraza árboles.** Hazlo con amor y presencia. Apóyate en su tronco, cierra los ojos y escucha en silencio.

10. **Sumérgete en agua natural.** Ya sea el mar, un río o la lluvia, deja que el agua se lleve lo que ya no necesitas.

11. **Medita al aire libre.** Siéntate bajo el sol, la luna o entre flores. Respira con conciencia y siente cómo todo te habla.

12. **Observa los ciclos.** Las estaciones, la luna, el florecer y el caer… todo te enseña a aceptar los procesos de la vida.

13. **Deja todo mejor de lo que encontraste.** En un parque, en la playa, en tu comunidad. Si ves basura, recógela. Deja belleza donde camines.

Afirmación

*Soy parte de la Tierra
y la Tierra vive en mí.
Camino en respeto, respiro en
gratitud y dejo amor en
cada paso que doy.*

63.-Tu misión en la vida

"La misión no es un destino que se alcanza, sino un estado del alma que despierta".

Querida hija,

A lo largo de tu camino escucharás muchas veces que debes "encontrar tu misión" y tal vez creas que eso significa descubrir algo grandioso, único y extraordinario que cambie el rumbo del mundo. Pero en realidad, la verdadera misión de tu vida no siempre se encuentra en lo espectacular, sino en lo que llena tu alma de paz, propósito y alegría.

Vivimos en una época que nos empuja a buscar logros visibles, títulos o reconocimientos como si solo lo grande tuviera valor. Sin embargo, el alma no mide en magnitudes, sino en vibraciones. La misión más pura no nace de la ambición, sino del amor.

A veces, tu misión puede ser criar a un hijo con ternura, acompañar a alguien en su momento más oscuro, dar consuelo a un desconocido, cuidar de la naturaleza, enseñar algo que dominas o simplemente vivir tu vida con integridad, generosidad y bondad, inspirando a quienes te rodean.

La misión no siempre es un gran escenario con luces y aplausos. Muchas veces es silenciosa, íntima y sencilla, pero profundamente transformadora para quienes tocas con tu presencia. El hecho de que algo no salga en las noticias no significa que no sea valioso.

Una palabra de aliento puede salvar una vida, y un acto de bondad puede encender una cadena de milagros que quizás nunca llegues a ver, pero que el universo siempre registra.

Amor mío, no te presiones por descubrir tu misión. A veces el alma no la revela enseguida porque necesita que primero vivas, experimentes y crezcas.

La misión no siempre se busca: se recuerda. Llega cuando estás lista, cuando has aprendido a escucharte y cuando dejas de correr detrás de respuestas para simplemente vivir con presencia y gratitud.

No te apresures, hija, esto no es una meta que debas alcanzar; es una forma de caminar por la vida. Es la manera en que eliges amar, servir y crecer cada día.

Cada experiencia, incluso las que parecen no tener sentido, forma parte del hilo invisible que te lleva hacia tu propósito más elevado.

Generalmente tu misión está alineada con tus dones, tus talentos y tus pasiones, y casi siempre lleva consigo un toque de servicio hacia los demás, aunque sea de forma silenciosa.

El alma se expresa de muchas formas a lo largo de la vida y cada etapa tiene su propio propósito. Permítete fluir, reinventarte, seguir la voz interior que te susurra nuevos caminos. No dejes que el miedo, las expectativas ajenas o la comparación te roben la oportunidad de vivir tu propio propósito.

La vida se vuelve mágica cuando lo que haces, lo que piensas y lo que sientes están en armonía. Cuando te entregas a lo que haces con amor, aunque nadie lo vea. Porque la misión más importante que tienes es ser tú misma, en tu versión más auténtica, amorosa y luminosa. Desde esa verdad, todo lo demás fluye naturalmente.

Cuando vives con conciencia, con alegría y con gratitud, ya estás cumpliendo el propósito más alto del alma: evolucionar, amar y dejar el mundo un poquito más hermoso de como lo encontraste.

Tu misión no es una búsqueda… es una forma de estar presente. No está en el mañana, sino en este instante, en cada respiración, en cada acto, en cada sonrisa.

Si alguna vez dudas de tu camino, respira profundo y recuerda, hija mía: no viniste a encontrar algo fuera de ti… viniste a recordar la luz que ya habita en tu interior.

Te ama,
Mamá

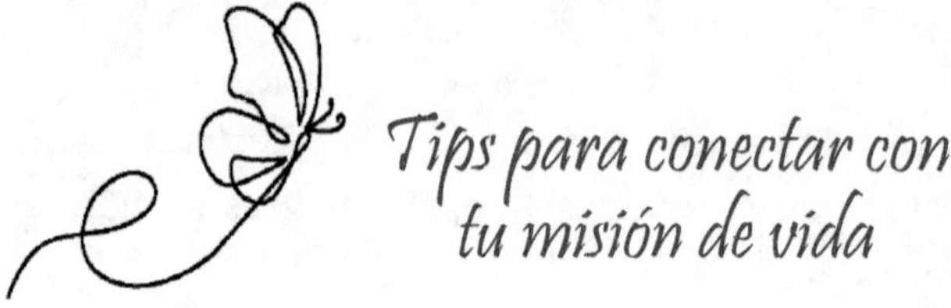

1. **Escucha tu voz interior.** Dedica momentos de silencio para sentir qué actividades despiertan en ti alegría y satisfacción.

2. **Identifica tus dones.** Haz una lista de tus habilidades y talentos. Piensa en cómo podrías usarlos para aportar algo bueno al mundo.

3. **Sirve desde el amor.** Toda misión, grande o pequeña, lleva implícito el servicio. Busca maneras de ayudar a otros con lo que ya sabes hacer.

4. **Acepta que puede cambiar con el tiempo.** Tu misión puede evolucionar según creces y vives nuevas experiencias. Permítete fluir con esos cambios.

5. **Vive con intención.** No necesitas esperar un momento especial para cumplir tu misión. Cada día, en lo cotidiano, tienes la oportunidad de vivirla.

6. **No busques ser extraordinaria; trabaja en ser auténtica.** La autenticidad es la forma más alta de espiritualidad. Cuando eres fiel a tu esencia, sin máscaras ni disfraces, estás viviendo tu misión más pura.

7. **Confía en el proceso.** Tu misión no se retrasa ni se adelanta: llega en el momento exacto. Mientras tanto, vive, siente, ama y se presencia.

Afirmación

Confío en el tiempo divino de mi alma. Mi propósito se manifiesta naturalmente cuando vivo con amor, presencia y gratitud.

64.-Ve siempre hacia adelante

"Sé cómo el río, aunque tropieces con mil piedras,
sigue tu curso, porque tu destino es infinito
y tu fuerza es avanzar".

Querida hija,

La vida no siempre será un camino recto ni libre de obstáculos. Habrá momentos en los que el cansancio, el miedo o la duda te hagan querer detenerte, pero en esos instantes recuerda: Cada paso, por pequeño que parezca, te acerca a tu meta.

No se trata de ir rápido, sino de avanzar con constancia y fe. Incluso los grandes árboles empezaron como semillas que, poco a poco, se abrieron paso entre la tierra para crecer.

Habrá días en que te sentirás imparable y otros en los que apenas podrás levantarte de la cama. Habrá momentos en los que todo tenga sentido y otros en los que la vida parezca un rompecabezas sin solución; eso es parte de la vida; son momentos o etapas que debemos superar con serenidad.

La vida es un sendero con subidas, bajadas, atajos, curvas inesperadas y algunas tormentas. Y aunque te duela, aunque te canses, aunque llores, por favor, sigue adelante; paso a paso, a tu ritmo, pero sigue. Cada caída es una lección; cada reto, una oportunidad para aprender y fortalecerte. Rendirse nunca será la opción si tu meta vale la pena.

Cuando la vida te ponga a prueba, recuerda que dentro de ti vive una fuerza mayor que cualquier obstáculo. Una fuerza que en ocasiones necesita recargarse; por ello, para esos momentos, aprende a descansar, pero no a renunciar. Porque la fuerza no es ausencia de dolor… es el coraje de seguir a pesar de él. Mas no te exijas ser fuerte todo el tiempo. La fuerza también vive en la suavidad, en la paciencia, en el silencio.

Tu camino no tiene que parecerse al de nadie más. Avanza a tu propio ritmo y a tus tiempos. A veces avanzar es hacer una llamada que te cuesta o tomar una ducha cuando no quieres ni salir de la cama. A veces es sonreír con el alma rota, sólo porque sabes que mereces volver a la luz, y ese pequeño acto de seguir es, en sí mismo, un milagro.

Habrá momentos en los que necesites cambiar de dirección. Redefinir tus metas, revisar tus decisiones. Eso también forma parte de la evolución. Escucha a tu corazón y si te pide cambiar el rumbo, hazlo sin culpa. Confía en tus ciclos. Confía en tus pausas. Confía en tu intuición. Confía, sobre todo, en esa fuerza invisible que te impulsa a ir hacia adelante.

Tienes en tu interior una llama que no se apaga, una fuerza que heredas de mí y de todas las mujeres que vinieron antes que tú. Eres parte de un linaje de mujeres fuertes.

Amor mío, quiero que recuerdes que no caminas sola. Cargas en tu sangre la fuerza de tus ancestros, de las mujeres que te precedieron, que también lloraron, que también se cayeron, que también amaron con el alma y aun así, se levantaron y siguieron adelante. Tu fuerza no empieza contigo; viene de antes. Vivirá en ti y vivirá en las mujeres que vengan después de ti.

Y si en algún momento determinado no sabes cómo seguir, vuelve al presente. El miedo vive en el futuro, en lo desconocido, en lo incierto. El dolor, en el pasado. Pero la fuerza, tu fuerza, esa vive en el ahora.

No tienes que correr. No tienes que tener todas las respuestas. Sólo respira, mira lo que tienes frente a ti; da el próximo paso, por más pequeño que sea, y haz lo que puedas con amor.

Ese acto humilde es más poderoso que mil promesas. Así se atraviesan los desiertos. Así se suben las montañas. Así se construye una vida con propósito. Porque no se trata de correr, sino de sostenerte en pie con dignidad.

Hija, tu alma sabe que cada experiencia tiene su ritmo. Y que incluso cuando no se ve movimiento, hay crecimiento silencioso ocurriendo dentro de ti.

Te ama,
Mamá

Tips para ir siempre hacia adelante

1. **Tu diario del alma.** Escribe tus emociones, esas que no te atreves a contar.

2. **Tu lista de razones para seguir.** Haz una lista de todo lo que amas, lo que sueñas, lo que te impulsa. Léela cada vez que sientas que no puedes.

3. **Haz listas de pequeños logros.** Agradece cada paso. Incluso levantarte, ducharte o intentarlo de nuevo es un acto de valentía.

4. **Crea una frase de poder personal.** Algo que te recuerde quién eres. Ejemplo. "Soy más fuerte que esta tormenta". Escríbela, repítela, siéntela.

5. **Pide ayuda sin miedo.** Seguir adelante no siempre es hacerlo sola. Buscar ayuda no es debilidad, es sabiduría. A veces la divinidad actúa a través de una amiga, un terapeuta, un abrazo o incluso este libro. A veces el paso más valiente es permitirte ser sostenida.

6. **Conéctate con algo que te inspire.** Música, lecturas, caminatas, la naturaleza. Busca cosas que te devuelvan la fe.

Afirmación

Sigo adelante con fe y constancia.
Tengo la capacidad de lograr todo lo
que me propongo.

65.-Déjaselo al karma

"La justicia no siempre se ve, pero siempre actúa.
Lo que entregas al río de la vida, vuelve a ti…
tal como lo lanzaste".

Querida hija,

El karma no es un castigo, ni una amenaza, ni una fuerza oscura que persigue a las personas. El karma es una ley divina de equilibrio, una inteligencia amorosa que mantiene el orden del universo.

Todo lo que lanzas —tus palabras, tus acciones, tus emociones y, sobre todo, tus intenciones— regresa a ti multiplicado, porque cada energía que envías es una semilla que tarde o temprano florece en tu vida. Por eso, cuida siempre lo que siembras.

Siembra amor y, tarde o temprano, ese amor te encontrará; siembra compasión y verás cómo la vida te envía corazones comprensivos; siembra respeto y te rodearás de personas que honran tu luz. Pero también las emociones densas que lanzas —rabia, envidia, resentimiento, venganza— regresan a tu camino con la misma frecuencia con la que fueron enviadas. No como castigo, sino como aprendizaje… como un eco de tu propia energía.

Cuando alguien te lastime, te traicione o actúe desde la maldad, no cargues con el peso de responder del mismo modo. No es tu labor equilibrar lo que no te pertenece. Esa persona, tarde o temprano, se enfrentará a sus propias consecuencias. La vida tiene una manera perfecta de devolver cada acto a su origen, sin que tú intervengas. Déjale al karma lo que es del karma.

Cuando reaccionas desde el enojo, te enredas en una red de energía que no es tuya. Cuando quieres "darle una lección" a alguien, te alejas de tu paz. Cuando tomas justicia por tu mano, también siembras acciones que volverán a ti. No todo lo injusto necesita tu respuesta, pero sí necesita tu liberación.

Libérate de la necesidad de que te pidan perdón; de querer demostrar que tú tenías la razón; del deseo de ver a alguien pagar por lo que hizo. Eso solo te roba energía y espacio interior. Cuando sueltes, la vida hará el resto. La energía siempre encuentra su camino de regreso.

Tu tarea, hija, es mantener tu corazón limpio y tu conciencia en paz. No permitas que la oscuridad de otros apague tu luz. No respondas con veneno a quien vibra en veneno. Mantente firme en tu esencia, en tu verdad y en tu integridad. Y confía… confía profundamente. Porque la justicia divina no falla.

La vida tiene ojos que ven lo invisible, oídos que escuchan lo no dicho y manos que equilibran lo que parece imposible. Hay cosas que te superan, y está bien dejar que el universo sea quien acomode todo.

Cuando te mantienes en tu centro, la vida misma lucha por ti. No cargues batallas que no te corresponden, ni intentes forzar el equilibrio. Solo deja que el karma haga su trabajo sagrado… y tú sigue avanzando con un corazón libre, una mente en paz y un espíritu en luz.

Sigue avanzando de manera tal, que cuando el karma toque a tu puerta, llegue cargado de bendiciones y no de lecciones dolorosas.

Te ama,
Mamá

1. **No actúes en medio del enojo.** Cuando reaccionas desde la rabia, siembras un karma que no deseas. Respira y espera claridad.

2. **Reconoce la diferencia entre justicia humana y justicia divina.** Una actúa desde la lógica; la otra desde la sabiduría. Confía en ambas en su momento correcto.

3. **Suelta el deseo de ver consecuencias rápidamente.** El karma no tiene prisa. Llega en el momento preciso.

4. **No busques "dar lecciones" a nadie.** Esa no es tu tarea. Enseña con tu ejemplo, no con tu castigo.

5. **Practica el perdón como liberación, no como aprobación.** Perdonar no significa aceptar lo que te hicieron; significa soltar la carga emocional que te roba paz.

6. **Visualiza la energía regresando a su origen.** Imagina que todo lo negativo vuelve a su fuente sin tocar tu campo energético.

7. **Mantén tu vibración en amor, no en venganza.** Tu vibración es el filtro que determina qué karma recibes.

8. **Confía en la ley del equilibrio.** No hay acto sin consecuencia. Lo que hoy no entiendes, mañana será claridad.

9. **Agradece lo aprendido.** Incluso las injusticias traen una enseñanza: fortaleza, límites, discernimiento.

10. **Suelta las manos del control.** No todo es tuyo de resolver. Lo que es del karma, entrégaselo al karma.

Afirmación

Confío en la justicia divina.
Suelto, libero y permito
que la vida acomode todo
en armonía perfecta.

66.-Sonríele a la vida y ríe a carcajadas

"No hay acto más espiritual que una sonrisa que nace del alma".

Querida hija,

Hay días donde sentimos que todo se viene abajo. Momentos en que enfrentamos situaciones difíciles que parecen interminables. La vida puede ser seria algunas veces. Tendrás días difíciles, momentos de duda, situaciones que parezcan retarte desde lo más profundo, pero en medio de todo eso, hay una herramienta sagrada, brillante, liberadora: la risa.

La risa es una medicina natural. Cuando ríes, todo en ti cambia:

—Se liberan tensiones acumuladas.

—Se oxigena el cuerpo.

—Se transforma la energía estancada.

—Se abre el corazón.

La risa sana. La risa limpia. La risa es el suspiro del alma cuando se siente libre. Es una de las mejores terapias para combatir el estrés y recargar nuestra energía. Puede ser un refugio en los momentos difíciles. Un bálsamo para el corazón. Un recordatorio de que nada es eterno y que todo pasa.

La risa no niega la realidad… la suaviza. La dignifica. La transforma. Nada vale la pena para amargarse. Lo que hoy es importante, mañana podrá dejar de serlo, así que no te prives de gozar y disfrutar la vida.

Si las cosas tienen solución, no hay que angustiarse y si no la tienen, pues ¡muchísimo menos! En lugar de preocuparte, mejor ocúpate en construir memorias llenas de recuerdos lindos que te hagan sonreír cada vez que te vengan a la mente. El alma también se alimenta de alegría.

Sonreírle a la vida es abrir una ventana al optimismo. Es decirle al universo: "Creo en lo bueno que está por venir".

Una sonrisa es el regalo más sencillo y poderoso que puedes darte a ti misma y a los demás. Es medicina para el alma y puente para conectar con otros. Abre corazones, derriba muros y crea momentos de luz en medio de la oscuridad. Es el gesto más humilde y poderoso que puede tener un alma consciente.

Cuando sonríes, abres las puertas de tu corazón y permites que la luz divina fluya a través de ti. Así que sonríele a la vida y ríe a carcajadas. Ríe por cosas simples, por tonterías, por los errores, por los recuerdos, por los encuentros. Ríe hasta que te duela el estómago y se te llenen los ojos de lágrimas. Ríe con otros. Crea recuerdos eternos. Los momentos más sagrados no siempre son los grandes logros, sino esas tardes en que no podías parar de reír con quienes amas. Atesora esos instantes. Porque cuando la vida avance y los caminos cambien, esas memorias serán tu tesoro emocional.

Y aunque haya días en los que no tengas ganas de sonreír, intenta encontrar al menos un motivo, por pequeño que sea: un recuerdo bonito, el abrazo de alguien que amas, el aroma de tu comida favorita. Ese gesto simple te recuerda que la vida también tiene muchos matices, incluso cuando parece pintada de gris.

Amor mío, sonríele a la vida porque cada instante que vives es único y no volverá,

Te ama,
Mamá.

1. **Empieza tu día con gratitud y una sonrisa consciente frente al espejo.**

2. **Rodéate de gente alegre.** Personas que te inspiren a ver lo bueno de la vida. Música que eleva tu ánimo, aromas agradables —todo eso alimenta tu vibración.

3. **Busca el lado positivo de cada situación.** Incluso si parece oculto.

4. **Regala sonrisas sin esperar nada a cambio.** Una sonrisa sincera puede cambiar el día de alguien.

5. **Encuentra belleza en lo cotidiano.** Mira el cielo, siente el viento, escucha el canto de un pájaro. Son pequeños recordatorios de que estás viva.

6. **Sonríe, aunque no tengas motivos.** El cerebro asocia la sonrisa con bienestar y libera endorfinas que elevan tu energía.

7. **No te tomes todo tan en serio.** La vida se disfruta más cuando puedes reírte de tus propios tropiezos.

8. **Recuerda que cada sonrisa es una oración.** Una expresión silenciosa que dice al universo: "Confío, agradezco y sigo adelante".

9. **Recuerda un momento feliz cuando necesites fuerza para seguir.**

Afirmación

Hoy elijo sonreírle a la vida, porque sé que cada sonrisa que doy, abre puertas a más alegría y bendiciones.

67.-Vuelve a empezar cuantas veces creas necesario

"Cada nuevo comienzo es un acto sagrado de valentía".

La vida nos brinda un sin fin de oportunidades para comenzar de nuevo. No te sientas mal si un día decides que lo que antes querías ya no te llena. No te sientas atrapada por decisiones pasadas. Es de sabios cambiar de opinión y de valientes cerrar ciclos, incluso cuando duela.

Lo que dejas atrás ya cumplió su propósito: te enseñó, te moldeó y te fortaleció. El universo siempre conspira para tu bien, y cuando algo termina, algo más alineado con tu propósito aparece.

Cerrar ciclos también significa reconocer que tu alma está lista para otra etapa. Cada final que vivas es una puerta que se abre hacia lo nuevo. Es un terreno fértil donde podrá crecer algo aun mejor.

Amor mío, empezar de nuevo no es rendirse ni fracasar. Empezar de nuevo es un acto de valentía y amor propio. Cada amanecer es una invitación a reinventarte, a soltar lo que no funciona y abrirte a lo nuevo.

Cuando llegue ese momento de reinicio a tu vida, enfoca tu mirada, no en lo que dejas atrás, sino en lo que está por llegar. Permite que la curiosidad, la ilusión y la fe guíen tus pasos hacia lo desconocido.

A veces volverás a empezar porque cambiaste. Otras veces porque la vida te cambió. Habrá ocasiones en las que tus sueños ya no encajen con quien eres, y eso también está bien. No te aferres a versiones pasadas de ti solo por miedo a soltar. Honra lo que fuiste, agradece lo aprendido y permítete evolucionar.

Ponte siempre como prioridad, practica el autocuidado, sé compasiva contigo y recuérdate que tu valor no depende de lo que termina, sino de la luz con la que eliges iniciar de nuevo.

Hija de mi alma, confía en ti. Confía en la vida. Confía en el tiempo. Porque cada nuevo comienzo te acerca más a tu verdad.

Y recuerda siempre que… La gloria de cada día, es saber que siempre podemos comenzar de nuevo.

Te ama,
Mamá

1. **Acepta el cierre.** Es parte natural de la vida. No te aferres a lo que ya no te nutre.

2. **Permítete sentir.** Honra tus emociones, trabaja en ellas, pero no te quedes viviendo ahí.

3. **Define tu visión.** Visualiza la nueva etapa y escribe cómo quieres sentirte en ella.

4. **Rodéate de personas que aporten.** Personas que te quieran bien, que te inspiren y apoyen tu nueva versión.

5. **Confía en el proceso.** El universo no se equivoca en los caminos que te presenta. Todo se manifiesta en orden divino.

6. **Evalúa lo aprendido.** Identifica las lecciones que te llevarás al nuevo comienzo.

7. **Celebra cada paso.** Reconoce tus avances aunque sean pequeños.

8. **Enfoca tu energía en lo nuevo.** Empieza por dar gracias por anticipado, aun si no estás segura de cómo se manifestará

Afirmación

*Tengo el poder y la libertad
de comenzar de nuevo
cuantas veces sea necesario,
con amor, fe y confianza
en mi camino.*

68.-Lo más importante es tu paz interior

"La paz interior es el susurro del alma que permanece intacto aun cuando el mundo grita".

La paz interior es uno de los tesoros más sagrados que puedes poseer. Es más valiosa que cualquier éxito y más estable que cualquier alegría fugaz.

La paz verdadera es un estado profundo, silencioso y constante que nace de la armonía entre tu alma, tu mente y tu corazón.

La felicidad puede ser como el viento: llega, se siente, se disfruta, pero cambia con las circunstancias. La paz, en cambio, es un hogar. Un hogar que puedes habitar siempre que así lo elijas.

Vivir en paz no significa no sentir enojo, tristeza o frustración. Significa que, aun sintiendo estas emociones, has aprendido a reconocerlas, a escucharlas y a dejarlas pasar sin permitir que se conviertan en dueñas de tu corazón.

La paz interior no elimina las tormentas… te convierte en un cielo más ancho que ellas. Es ese espacio sereno donde, aun cuando la vida se agite, tú puedes permanecer firme y suave al mismo tiempo.

La verdadera paz nace de la honestidad contigo misma. De saber que actúas desde tu verdad, desde tus valores, desde la voz más profunda de tu alma. Requiere humildad para aceptar tus errores, valentía para enmendar lo necesario y compasión para perdonarte cada vez que tropieces.

La paz no es ausencia de conflictos; es la capacidad de atravesarlos sin perder tu centro, sin apagar tu luz.

Hija, la mayor conquista que un ser humano puede lograr es conquistarse a sí mismo. Dominar sus impulsos, calmar los pensamientos que se aceleran, elegir palabras conscientes y acciones que honren su alma. Cuando logras esa coherencia interna, tu paz deja de depender del mundo externo y se convierte en una fuerza interior inquebrantable.

Cuando respiras profundo, observas tus emociones sin juicio y conectas con tu presente, tu sistema nervioso se regula y tu mente se aclara; por eso, la paz interior no es un misterio, es una práctica, un hábito, un compromiso amoroso contigo misma. Es volver una y otra vez a tu centro.

Habrá momentos de ruido, de caos, de tormentas emocionales. Así es la vida, un flujo constante de cambios, pero si tu corazón permanece en equilibrio, y tu alma está despierta, podrás atravesarlos sin perderte en ellos.

La paz interior también se construye cuando dejas de depender de la aprobación ajena, cuando eliges soltar lo que no puedes controlar, cuando confías profundamente en que el universo siempre te sostiene, incluso cuando no comprendes sus formas.

Amor mío, aléjate de las discusiones innecesarias, de los conflictos que no te pertenecen, de las personas que buscan arrastrarte al desorden interno que ellas mismas no quieren enfrentar. Cuida tu energía con la misma delicadeza con la que cuidarías una vela encendida en medio del viento. Tu paz no es egoísmo, es autocuidado, es claridad, es salud emocional y espiritual.

Cuando te mantienes en paz, todo lo que no resuena contigo se aparta, y todo lo que está alineado con tu alma llega con más facilidad. La paz es una vibración que atrae caminos claros, decisiones sabias y relaciones sanas.

Hija de mi alma, que tu paz sea siempre tu tesoro, tu escudo y tu templo. Porque dentro de ti existe un refugio sagrado donde nada ni nadie puede lastimarte. Un lugar donde habita la serenidad, donde brilla tu esencia, donde tu alma descansa.

Vuelve ahí cada vez que lo necesites, y desde ese lugar enfrentarás cualquier tormenta con la certeza de que la calma no es algo que se encuentra… es algo que se construye.

Te ama,
Mamá

Tips para mantener la paz interior

1. **Respira conscientemente para regresar a tu centro.** Inhalar profundo activa tu sistema de calma. Tres respiraciones lentas pueden cambiar todo tu estado emocional.

2. **Suelta lo que no puedes controlar.** Cuando sientas tensión, pregúntate: "¿Esto depende de mí?" Si la respuesta es no, entrégalo al universo.

3. **Haz pausas sagradas durante el día.** Un minuto en silencio, con la mano en el corazón, puede devolverte a tu armonía interna.

4. **Obsérvate antes de reaccionar.** Cuando algo te altere, date un instante. La paz se protege en los segundos que eliges no reaccionar impulsivamente.

5. **Rodéate de personas que cuiden tu energía.** Tu círculo puede nutrir tu paz o robarla. Elige compañía que te inspire calma, claridad y amor.

6. **Cuida tus espacios.** Un hogar ordenado refleja una mente ordenada. La paz también se construye en lo visible.

7. **Eleva tu vibración con prácticas sencillas.** Caminar, meditar, rezar, escribir, escuchar música suave… todo esto regula tu interior.

8. **No tomes nada de manera personal.** La mayoría de las veces, lo que otros hacen no tiene nada que ver contigo. La paz se mantiene cuando entiendes esto profundamente.

9. **Descansa lo necesario.** Un cuerpo agotado pierde equilibrio. Dormir bien es un acto espiritual.

10. **Habla contigo con ternura.** Tu diálogo interno marca el tono de tu paz. Que tu voz interna sea un refugio, nunca una tormenta.

Afirmación

La paz vive en mí.
Soy un templo de calma,
un hogar de silencio sagrado
y una luz encendida.

69.-El regalo del perdón

*"El perdón no borra el pasado,
pero ilumina el corazón para que puedas
caminar hacia el futuro sin cadenas".*

Querida hija,

Uno de los aprendizajes más importantes y poderosos que he vivido es el de aprender a perdonar. El perdón es la base fundamental para nuestra evolución espiritual. Es el regalo más valioso que podemos otorgarnos y la puerta que conduce a una vida plena. Es dejar de vivir atrapada en el dolor para recuperar la paz interior, fortalecer nuestro poder y vivir en libertad.

Ningún corazón puede florecer si está encadenado al rencor. Ninguna alma puede expandirse si sigue atada al pasado. Perdonar no borra lo que ocurrió… pero sí transforma lo que ocurre dentro de ti.

Todos estamos en un camino de aprendizaje, de evolución, de conciencia, y muchas veces ese camino está lleno de tropiezos, de heridas, de actos impulsivos nacidos del miedo, la ignorancia o el dolor. Eso no quiere decir que debas permitirlo todo, pero sí que puedes elegir no cargar con ese peso el resto de tu vida. Puedes decir: *"Lo que ocurrió me dolió… pero no me definirá". "Lo que viví me lastimó… pero no será mi identidad"*.

Hija, el dolor es inevitable, pero el sufrimiento es una elección. Tú decides si lo que viviste se convierte en una cárcel… o en un escalón hacia una versión más sabia y luminosa de ti.

Las personas que más te han herido, en algún nivel profundo, pueden convertirse en tus grandes maestros. No porque debas agradecerles el daño… sino porque te mostraron lo que necesitabas aprender.

Tal vez aprendiste a poner límites. Tal vez aprendiste a amarte más. Tal vez despertaron en ti la fuerza que ni siquiera sabías que tenías; y así, sin saberlo, te ayudaron a renacer. Cada experiencia dolorosa guarda un mensaje, y cuando eliges ver la lección, en lugar de alimentar la queja, el resentimiento o el papel de víctima, entras en el camino de la verdadera libertad interior.

Pero antes de llegar al perdón, amor mío… debes honrar tus emociones. El perdón no nace de la negación, sino de la comprensión. No se trata de minimizar lo que sentiste ni de obligarte a sanar antes de tiempo. Se trata de permitirte reconocer tu dolor, tus enojos, tus miedos y tus lágrimas. De sentir tu corazón sin culpas. Escuchar sus latidos heridos con ternura y darle espacio para procesar lo vivido. Nadie puede perdonar desde la represión; solo desde la honestidad con uno mismo. Honrar tus emociones no significa quedarte a vivir en ellas, sino darles su lugar para que puedan transformarse.

La paciencia con tu propio proceso también es un acto de amor. Y cuando hayas llorado lo necesario, cuando hayas respirado profundo y abrazado tu humanidad, entonces el perdón llegará suave, como una brisa que no fuerza, que no exige, que simplemente libera.

Guarda siempre en tu corazón que la vida es un espejo: lo que lanzas al mundo vuelve a ti. Si respondes con rencor, te quedarás atrapada en una cadena interminable de dolor; pero si eliges perdonar, rompes ese ciclo y te permites avanzar más ligera, más libre y más feliz.

Cada vez que esperamos que otro llene un vacío en nuestro interior, le entregamos la llave de nuestra paz; y cuando no actúan como esperábamos, sentimos que nos hieren… pero la herida más profunda no viene de su acción, sino de la expectativa que construimos.

Perdonar de verdad no es decir *"te perdono por lo que me hiciste"*, sino *"me perdono por haberte dado el poder de lastimarme, por haberte convertido en la fuente de mi alegría o de mi tristeza, y por haber olvidado que mi valor y mi luz nacen de mí y no de ti"*.

Este tipo de perdón no te deja en un lugar de víctima, sino de creadora consciente. Te devuelve al centro; te recuerda que nada ni nadie puede herirte en lo más profundo si tú no le concedes ese permiso.

Cuando te perdonas por ceder tu poder, lo recuperas y al recuperarlo, dejas de depender de que el otro cambie para estar en paz. Entonces, ya no cargas con rencor... porque comprendes que la verdadera libertad no la concede un "lo siento" ajeno, sino un "me libero" interno.

Perdonarte es un acto sagrado de amor propio. Es abrazarte con compasión por no haber sabido hacerlo mejor en ese momento, y bendecirte por la conciencia que hoy tienes; y es desde ese lugar donde puedes, si así lo decides, soltar también a los demás, sin cadenas, sin resentimiento, sin deuda pendiente.

Recuerda, hija, que nadie tiene poder sobre tu alma si tú no se lo entregas. El verdadero perdón es el que te devuelve a ti misma, el que corta los hilos invisibles que atan tu paz a las acciones de otros.

Cuando comprendas que todo lo que buscabas afuera estaba dentro de ti, sentirás una ligereza tan grande que caminarás por la vida sin cargas, con la certeza de que nada ni nadie puede arrebatarte la libertad interior que tú misma te has concedido.

Ese día, hija, sabrás que has recibido el regalo más grande: el perdón que nace del amor propio.

Te ama,
Mamá

1. **Reconoce lo que sientes sin juicio.** No reprimas tu dolor. Es válido. Llora, escribe, habla. Pero no te quedes a vivir ahí.

2. **Haz una carta que no necesites enviar.** Escríbele todo lo que sientes a quien te hirió. Luego quémala, entiérrala, libérala.

3. **Repite afirmaciones de liberación.** *"Elijo soltar este dolor. Me perdono. Los perdono. Me libero". "Aprendí, crecí y me permito seguir en paz".*

4. **Busca el aprendizaje.** Pregúntate: *¿Qué me mostró esta situación sobre mí? ¿Cómo me ayudó a crecer?*

5. **Suelta el deseo de venganza o justicia externa.** La verdadera justicia es la paz interior. Lo que das vuelve.

6. **Practica la compasión contigo misma.** No te castigues por no haber sabido más en el pasado. Actuaste con el nivel de conciencia que tenías. Ahora puedes hacerlo diferente.

7. **Recuerda que el perdón no es un punto final… es un portal.** Te abre a una vida más liviana, más plena, más verdadera.

8. **Haz un ejercicio de autoindagación.** Pregúntate: *"¿qué parte de mi poder personal cedí en esta situación?".* Escríbelo para hacerlo consciente.

9. **Cambia la perspectiva.** En lugar de pensar "me hirieron", piensa "yo permití que su acción definiera mi sentir" y observa qué puedes hacer diferente la próxima vez.

10. **Práctica el espejo.** Mírate a los ojos y di en voz alta *"me perdono por haber esperado que otros llenaran lo que yo misma puedo darme"*.

11. **Conviértelo en un ritual de cierre.** Escribe el nombre de la persona y lo que esperabas de ella, quema el papel con gratitud y repite: *"Reclamo y me devuelvo todo mi poder. Me libero. Te libero"*.

Afirmación

Me permito sentir, me permito
soltar, me permito sanar.
Perdono para ser libre.
Honro mi corazón, recupero
mi poder y camino en paz.

70.-Las tres semillas de la bondad: Amabilidad, paciencia y tolerancia

"La amabilidad es el susurro del alma fuerte.
La paciencia, el refugio del espíritu sabio.
La tolerancia, la caricia silenciosa
que transforma el mundo".

Querida hija,

El mundo necesita más almas amables… más corazones suaves que no devuelvan agresión con agresión, más seres humanos que entiendan que la ternura es una fuerza poderosa, no una debilidad.

Ser amable no significa dejarse pisotear ni reprimir lo que sientes. Ser amable significa elegir el amor como respuesta, incluso cuando el entorno invita al conflicto. Significa recordar que la persona que tienes enfrente, aunque parezca distante, grosera o hasta agresiva… puede estar luchando batallas que tú no puedes ver.

La compasión transforma lo que el juicio no alcanza. Hay personas que gritan porque nunca fueron escuchadas. Hay quienes atacan porque han sido heridos profundamente. Otros se aíslan porque no saben cómo pedir ayuda.

Tú no eres responsable de sanar a todos, pero sí puedes decidir no agregar más dolor a su carga. A veces, un gesto amable, una sonrisa inesperada o una frase suave… es todo lo que alguien necesita para sentirse menos solo.

Si alguien se comporta de forma grosera contigo, hija mía, no reacciones desde el ego. Respira. Mira más allá del comportamiento. Conserva tu centro y, si puedes, responde con amor. Una respuesta amable tiene el poder de desarmar hasta al alma más endurecida.

No se trata de permitir abusos ni de tolerar injusticias, sino de responder desde la paz interna, no desde la herida. La verdadera fortaleza no es quien grita más fuerte, sino quien permanece en paz ante la tormenta.

Hija, la humildad no es agachar la cabeza... es elevar el corazón. Es recordar que no somos más ni menos que nadie. Es caminar con la conciencia de que la vida es cíclica y misteriosa, y que muchas veces quien hoy parece oscuro, mañana puede ser luz; y quien hoy es débil, mañana puede ser tu mayor maestro.

Ser amable es un acto de sabiduría y de humildad. Es la decisión constante de no convertirte en lo que te hiere. Es elegir ser parte de la sanación del mundo, no de su herida. Es saber que el alma no se mide por cuánto sabe... sino por cuánto amor puede entregar a pesar del dolor.

Amor mío, la paciencia y la tolerancia son dos virtudes que te abrirán las puertas a una vida más plena y en paz. Vivimos en un mundo acelerado que nos empuja a quererlo todo "ya", pero la vida, con su infinita sabiduría, se rige por sus propios tiempos. No todo sucede cuando queremos, pero sí cuando es perfecto que suceda.

La paciencia es el arte de esperar sin perder la paz interior. La tolerancia es la capacidad de respetar las diferencias, de entender que cada persona tiene su propio ritmo, su forma de pensar y su camino que recorrer. Practicar ambas es un regalo que no solo te darás a ti misma, sino también a los demás.

A veces la impaciencia nace del miedo a que las cosas no salgan como esperas. Sin embargo, recuerda que el poder creador tiene una visión más amplia que la nuestra. Lo que parece un retraso, muchas veces es protección o preparación para algo mejor.

No confundas paciencia con pasividad: ser paciente no significa no actuar, sino actuar con calma y sin ansiedad, confiando en que todo llega en su momento.

Ser tolerante es comprender que el mundo es tan diverso como las flores de un jardín y que no necesitamos que todas sean iguales para disfrutar de su belleza.

No existe una verdad absoluta ni un camino único hacia la luz. Cada alma avanza según su propio ritmo, su historia y su nivel de conciencia. Algunos comprenderán antes que otros; algunos despertarán más tarde, y eso también forma parte del plan divino. No necesitas estar de acuerdo con todos ni entender cada proceso: basta con respetarlo.

Amar también es permitir. Permitir que el otro sea distinto, permitir que el tiempo acomode lo que aún no entiendes, permitir que la vida revele su magia sin forzarla.

Confía en el tiempo perfecto del universo. Respeta el ritmo de los demás, así como honras el tuyo. Cuando dejas de empujar y comienzas a fluir, la existencia se vuelve más ligera, más suave, más amorosa; y entonces… descubres que la verdadera fortaleza está en la calma y la verdadera evolución, en la compasión.

Hija amada, que tu corazón sea siempre más grande que tus juicios y más paciente que tus miedos, porque la verdadera grandeza, no se mide en fuerza, sino en la suavidad con la que eres capaz de sostener la vida.

Te ama,
Mamá.

1. **Recuerda que todos están librando sus propias batallas.** No juzgues desde la superficie. Pregúntate: ¿Y si esta persona está pasando por algo que no entiendo?

2. **Sé el alivio, no la carga.** Tú puedes elegir ser luz en el camino de alguien, incluso cuando nadie más lo ha sido.

3. **Mantén la calma ante la hostilidad.** No reacciones; responde. Una respuesta tranquila cambia el tono de toda una conversación.

4. **No tomes las cosas como algo personal.** Lo que alguien proyecta sobre ti muchas veces es el reflejo de lo que lleva dentro. Tú no eres el origen, solo el espejo.

5. **Responde con ternura cuando nadie lo espera.** Una sonrisa, un "te entiendo", un " lamento si estás pasando por algo"… puede ser una medicina silenciosa.

6. **Evita hacer diferencias.** Trata con respeto a todos: al que te sirve el café, al desconocido en la calle, al anciano que camina lento. La vida da muchas vueltas… y cada alma que cruces puede enseñarte algo.

7. **Ama sin imponer. Comprende sin justificar.** Ser compasiva no significa permitir daño, pero sí entender que todos están en su proceso.

Afirmación

Elijo la paz antes que la reacción.
Camino con amabilidad,
paciencia
y comprensión.
Mi corazón es un templo
de calma, amor y sabiduría.

71.-No estás sola

"Incluso cuando creas que caminas sola, hay manos invisibles que sostienen tus pasos y corazones que laten contigo".

Querida hija,

Nunca estamos realmente solos. Aunque a veces el mundo parezca inmenso y silencioso, aunque el corazón se sienta vacío o la mente dude de su propósito, recuerda siempre que somos mucho más que un cuerpo físico. Somos almas eternas, seres espirituales viviendo una experiencia humana, y nuestra verdadera esencia no conoce la separación.

Estamos unidos por hilos invisibles de energía que nos conectan con todo lo que existe. Esos cordones sutiles entrelazan nuestros corazones con los de quienes amamos, con la tierra, con el cielo, con cada ser viviente y con la fuente divina de donde provenimos. No los vemos, pero los sentimos… en un abrazo que calma, en un pensamiento que llega justo cuando lo necesitamos, en una sincronía que nos recuerda que la vida nunca se equivoca.

La energía no entiende de tiempo ni de espacio. Todo lo que haces, piensas o sientes, vibra más allá de ti y toca otras almas. Así, el universo entero responde, creando una danza perfecta de causas y efectos, de encuentros y señales; por eso, la soledad es solo una percepción pasajera del ego: un espejismo que desaparece cuando regresamos al corazón, a nuestro centro sagrado, donde habita nuestra verdadera esencia, el amor.

Allí, en tu interior, está la comunión con tu ser divino. Allí está la presencia eterna de la vida, la conexión infinita con el todo y con todos. En ese silencio interior donde todo se comprende, descubrirás que jamás estás ni estarás sola.

Existen seres luminosos que caminan contigo desde antes de tu nacimiento: guías espirituales, ángeles, ancestros, protectores. Ellos forman una red amorosa que te acompaña y sostiene. No siempre los verás, pero los sentirás en una intuición clara, en un impulso repentino de fe, en una coincidencia que parece milagrosa. Invócalos con humildad y confianza. Ellos te envuelven en luz cuando temes, te guían a través de los sueños y te susurran certezas en el viento.

Más allá de todos esos guardianes externos, hay una fuerza aún más poderosa dentro de ti: tu chispa divina. Esa luz eterna es el eco de la Divinidad que te habita. Es la voz de tu alma, la fuente de tu sabiduría y de tu paz y, en esa luz, también vive mi amor.

Mi voz, mi fe, mi energía, siempre están y estarán unidas a la tuya y aun cuando mis palabras callen y mi cuerpo ya no esté, mi presencia seguirá vibrando en ti como una melodía suave que nunca se apaga.

Nunca estás sola, hija mía; eres parte del Todo. Eres vida dentro de la vida y cada paso que das está sostenido por el amor infinito del universo.

Cuando el silencio parezca ensordecerte y sientas que el mundo se aleja, recuerda que incluso en la más profunda oscuridad, la vida sigue vibrando a tu favor. Cada respiración que tomas es una prueba de que el universo te sostiene.

Eres parte de una conciencia infinita que te contiene y te abraza y cada vez que eliges tener fe, que eliges seguir, que eliges amar a pesar de todo, el Universo entero responde enviándote señales de su presencia y de su amor.

Hay un hilo invisible que une tu corazón con el de todos los seres que te aman. Ese hilo jamás se rompe; brilla con la luz de la compasión, la fe y el amor eterno y si alguna vez te invade la duda, cierra los ojos, lleva tu mano al pecho y repite en tu interior: "El Universo entero me sostiene".

Te ama,
Mamá

Tips para saber que no estás sola

1. **Cultiva la conexión interior.** Dedica unos minutos cada día a respirar conscientemente y sentir tu energía. Allí, en tu calma, escucharás la voz de tu alma y de tus guías.

2. **Pide asistencia espiritual.** Antes de dormir o al despertar, invoca a tus guías, ángeles o ancestros. No necesitas rituales complicados; basta una intención sincera. "Acompáñenme y muéstrenme el camino con claridad y amor".

3. **Rodéate de luz y armonía.** Mantén cerca lo que eleve tu vibración: música suave, aromas naturales, cristales, afirmaciones, naturaleza o silencio. Todo lo que te recuerde que estás rodeada de energía viva y amorosa.

4. **Comparte tu presencia.** Cuando ofreces tu escucha, una palabra o un gesto amable, también te conectas con la red universal del amor. Cada acto de bondad es una oración silenciosa que te une a los demás.

5. **Confía en las señales.** La vida se comunica contigo a través de coincidencias, intuiciones o repeticiones. No las ignores. Son el lenguaje del universo para decirte: *"Estoy aquí contigo"*.

Afirmación

*Estoy rodeada de amor
visible e invisible.
La luz divina me guía, me protege
y me sostiene en cada paso.*

72.-Te libero, hija

"Tienes permiso de sanar lo que yo no pude,
lo que mis abuelas no pudieron, lo que
tantas generaciones callaron.
Tienes permiso de romper ciclos,
de cortar patrones, de decir:
Esto termina conmigo".

Querida hija,

Como familia —y especialmente como mujeres— arrastramos memorias antiguas, creencias que no elegimos, modos de pensar y de sentir que vienen de nuestro linaje y que se han ido transmitiendo como un hilo invisible que pasa de mano en mano, de generación tras generación.

A veces repetimos patrones que no entendemos, reaccionamos desde emociones que no nos pertenecen, o caminamos por senderos que otra generación abrió antes que nosotras.

Vienes de una línea de mujeres fuertes, valientes y sabias… mujeres que hicieron lo mejor que pudieron con la conciencia que tenían en su momento. Ellas también caminaron luchas internas, deseos profundos y heridas que tal vez no supieron nombrar. Ese linaje te acompaña, pero no te limita.

Toma su fuerza, toma su luz… y lo demás puedes soltarlo con amor.

En tu interior, residen el poder y la capacidad para reconocer lo que no te sirve; sanarlo y transformarlo, para crear la vida que desees tener. Una vida más luminosa, más consciente, más plena, más feliz.

Nada de lo heredado es una sentencia. Tú eres el puente entre el pasado y el futuro, y es tu derecho sagrado elegir qué conservar y qué liberar.

Tienes mi bendición para cambiar el rumbo de tu vida, para abrir tus alas y volar hacia donde tu corazón te lleve.

Si en algún momento mis creencias, mis palabras o mis actos fueron cadenas invisibles que te ataron, hoy las rompo y las entrego al viento para que se disuelvan.

Con todo el amor que cabe en mi alma, hija, hoy te libero.

Te libero de continuar con mis heridas, de repetir mis errores, de cargar con mis miedos y mis limitaciones. No tienes por qué vivir mi historia ni seguir el mismo camino que yo. No naciste para ser mi reflejo, sino para ser la expresión más auténtica y hermosa de tu propia esencia.

Eres libre de crear tu propia historia.

Puedes tomar lo positivo de lo que viviste conmigo y soltar lo que no te aporte. Puedes honrar tu linaje sin sentirte obligada a repetirlo. Las cargas ancestrales, los patrones negativos y las creencias que ya no sirven… no te pertenecen.

La vida es un lienzo en blanco que puedes pintar con los colores que elijas. No temas elegir tonos distintos a los míos. No temas decir "esto no es para mí" y buscar tu propio camino. El amor verdadero no encadena, expande. Por eso hoy te entrego mi amor más puro, no para retenerte, sino para impulsarte a ser tú misma.

Amor mío, te pido perdón si en algún momento mis sombras tocaron tu luz, si mis temores se reflejaron en tus decisiones, o si esperé de ti más de lo que debía. Hice lo que pude con lo que sabía, con lo que tenía y con el nivel de conciencia que me acompañaba. Pero cada día, aunque no lo supieras, trabajé en mí. Me cuestioné, me deconstruí, me elevé, me transformé… porque tu existencia me inspiró a convertirme en una mejor mujer y una mejor madre. Tú fuiste mi maestra silenciosa, mi espejo sagrado, mi llamada hacia mi propia evolución.

Te entrego la llave de tu libertad para que construyas la vida que sueñas. Serás siempre parte de mí, pero eres tu propio universo. Y en ese universo, tú eres la creadora.

Rompe los ciclos que no te sirvan, transforma las heridas en sabiduría y escribe tu propia historia. No temas tomar un camino diferente, porque tu alma vino a experimentar cosas que yo no puedo imaginar. Ser tu madre no significa moldearte a mi imagen, sino acompañarte a descubrir la tuya.

Tienes permiso de hacerlo diferente, de elegir otros caminos, de romper ciclos, de empezar de nuevo, de reinventarte todas las veces que lo necesites. Tienes permiso —y mi bendición absoluta— de ser tú.

Te libero, hija mía, para que vueles tan alto como tu corazón lo desee… y siempre sepas que, donde sea que estés, mi amor será el viento que impulse tus alas.

Te ama,
Mamá

Tips para romper los lastres generacionales

1. **Honra tu linaje.** Elige lo que sí quieres conservar y suelta lo que no te nutre.

2. **Rompe ciclos con conciencia.** Si detectas patrones de dolor, busca herramientas para transformarlos.

3. **Rodéate de personas que te impulsen.** Personas positivas y que estén en la misma frecuencia que tú.

4. **Escucha tu intuición.** Tu alma sabe lo que necesita para crecer.

5. **Aprende de todo y de todos.**

6. **Pregúntate siempre si lo que haces nace del amor o del miedo.** Si nace del miedo a decepcionar, no es tuyo.

7. **Cuestiona las creencias heredadas.** No todo lo que te enseñaron merece ser guardado.

8. **Observa tus patrones sin juzgarte.** Lo que reconoces, lo puedes transformar.

9. **Dale un significado nuevo a lo que heredaste.** Las heridas pueden convertirse en sabiduría si las trabajas con amor.

10. **Permítete cambiar de rumbo cuando lo necesites.** Nadie se encuentra a sí mismo caminando un camino impuesto.

Afirmación

Soy libre de elegir mi camino.
Honro lo que mi alma
viene a transformar.

73.-Para vivir el duelo

"El duelo no apaga tu luz…
solo te enseña a brillar distinto".

Querida hija,

La vida, en su infinita sabiduría, está tejida de encuentros y despedidas, de comienzos llenos de ilusión y de finales que a veces duelen hasta lo más profundo del alma.

Uno de los procesos más sagrados y transformadores que vivirás en esta existencia será el duelo.

Ya sea por la partida de un ser querido, el cierre de una relación, la pérdida de un sueño o el final de una etapa, el duelo llegará a tu vida para invitarte a mirar hacia dentro, a soltar, a comprender y a renacer.

Una de las grandes enseñanzas de Buda nos dice que el dolor es inevitable, pero el sufrimiento es opcional. El dolor nos humaniza, nos permite sentir, nos muestra lo importante que fue aquello que se ha ido. Pero el sufrimiento prolongado nace cuando intentamos aferrarnos a lo que ya no está, cuando luchamos contra la realidad, cuando pedimos que las cosas vuelvan a ser como antes.

El duelo, es un proceso intenso y doloroso que nos lleva a una transformación a través de varias etapas. Entenderlas, puede ser de gran ayuda para superarlo.

Al inicio, tu mente querrá creer que nada ha cambiado. Ese es el corazón protegiéndose.

Después, es posible que sientas enojo, confusión o incluso injusticia; no te asustes, son emociones que buscan abrir espacio al entendimiento.

En ocasiones, tratarás de aferrarte a lo que fue, deseando negociar con la vida para que nada se pierda.

Y llegará también un momento en el que sentirás un gran vacío, una tristeza profunda que te invita a recogerte para reconectar contigo.

Todo esto, hija mía, es parte natural del proceso. Olas que llegan y se van, moviendo dentro de ti lo que necesita reacomodarse. Por eso, llegado el momento, permítete sentirlo todo sin juicio; la tristeza, la rabia, la confusión, el miedo, el silencio, la esperanza que nace y se apaga, y luego vuelve a nacer.

Todas son emociones válidas. Todas merecen ser escuchadas. No las escondas, ni las reprimas. Abrázalas con compasión, escucha lo que vienen a enseñarte y luego déjalas ir, como hojas que caen de un árbol cuando llega el otoño.

Amor mío, si algún día necesitas consuelo y no estoy a tu lado físicamente, piensa en mí con amor y conecta tu alma con la mía. Te envolveré en luz, en ternura, en fuerza. Nunca, nunca estarás sola. Mi espíritu estará contigo, susurrándote palabras de aliento, abrazándote en silencio y guiándote como siempre lo he hecho.

Busca apoyo también en los sabios, en los corazones nobles que la vida pondrá en tu camino. Pide ayuda. Escucha. Permítete recibir. Rodéate de amor, de comprensión, de paciencia, de personas que te sostengan mientras tu corazón sana. Recuerda, amor mío, el duelo no es un final. Es un puente. Un portal hacia una nueva versión de ti misma.

Honra lo perdido, pero no te quedes a vivir en el pasado. Hay un futuro que también te necesita, que también te pertenece, que también merece tu presencia.

El verdadero amor nunca muere; solo se transforma. A veces se vuelve memoria, a veces se vuelve enseñanza, a veces se vuelve fortaleza… pero siempre, siempre permanece.

Te ama,
Mamá

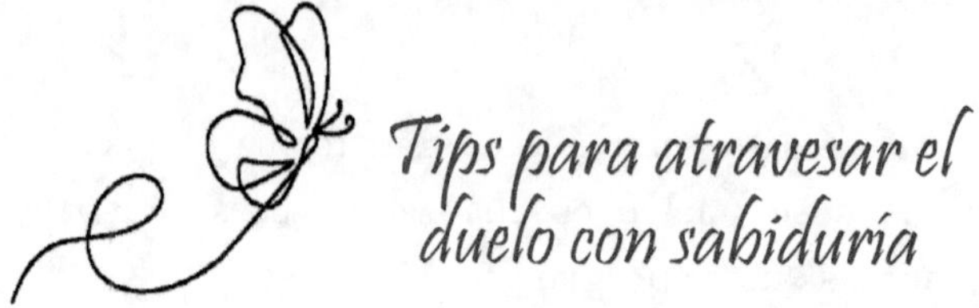

1. **Permítete sentir sin prisa.** El duelo no se acelera. Se atraviesa.

2. **No te aísles.** Busca personas sabias, amorosas, que sepan contenerte. La soledad en exceso alimenta el sufrimiento.

3. **Escribe lo que sientes.** Pon en palabras tu dolor. Escríbele cartas a quien se fue. Dile lo que quedó pendiente. Libéralo.

4. **Conecta con lo espiritual.** Ora, medita, enciende una vela. La conexión con lo divino te dará consuelo y propósito.

5. **Haz rituales simbólicos de cierre.** Un adiós escrito, una ofrenda, plantar un árbol. Los rituales sanan cuando nacen del corazón.

6. **Toma el aprendizaje.** Todo lo vivido tiene un propósito.

7. **Confía en que todo pasará.** Nada es eterno. Y aunque hoy duela, el alma sanará. Y tú, mi vida, saldrás más sabia, más fuerte, más llena de luz.

8. **Cuida tu cuerpo.** Aunque tu alma duela, tu cuerpo necesita descanso, alimento y ternura.

9. **Confía: llegará la luz.** La aceptación no es renuncia. Es paz.

Afirmación

*Atravieso mi duelo con amor, fuerza
y luz; permito que el dolor me
transforme y la paz me encuentre.*

74.-La resiliencia, tu fuerza para renacer

"En cada dificultad hay un tesoro escondido. La resiliencia es la llave que lo abre y te recuerda que, aun en la oscuridad, llevas tu propia luz".

La resiliencia es la fuerza silenciosa que vive dentro de ti; esa luz que permanece encendida incluso cuando todo parece oscurecerse. Es la capacidad de levantarte después de cada caída, de mantenerte firme en medio de la tormenta y de florecer incluso después de atravesar los inviernos más duros. No significa que no vas a sentir dolor, miedo o cansancio; significa que, a pesar de ellos, eliges seguir adelante.

La vida está llena de desafíos y cambios inesperados. Algunos llegarán sin previo aviso, y quizá parezcan injustos o demasiado pesados. Es justo en esos momentos donde descubrirás tu verdadera fortaleza.

La resiliencia no se hereda, se construye con cada prueba superada, con cada vez que te has dicho: *"No sé cómo, pero saldré adelante"*.

No te castigues por sentirte débil en algún momento. La resiliencia también es saber parar, pedir ayuda, llorar lo necesario… y después levantarte con más claridad y determinación.

No todas las batallas se ganan como quisiéramos, pero la resiliencia te enseña que no eres lo que te pasa… sino lo que haces con lo que te pasa.

Es transformar cada golpe en fuerza, cada caída en aprendizaje y cada obstáculo en una oportunidad para crecer. Es saber que lo que hoy parece una herida, mañana puede convertirse en tu mayor fuente de sabiduría.

Es permitirte llorar cuando lo necesites, descansar cuando sea prudente, pero jamás rendirte en lo que tu corazón sabe que vale la pena.

La resiliencia, amor mío, es tu corona invisible. Es la fuerza que te hará avanzar incluso cuando el camino sea incierto. Es el poder que habita en tu alma, recordándote que ninguna tormenta dura para siempre y que, cuando el sol vuelva a salir, tú habrás renacido en una versión más sabia, más amorosa y más luminosa de ti misma. Porque las personas más fuertes no son las que nunca se caen, sino las que se levantan todas las veces que sea necesario.

Te ama,
Mamá

Tips para cultivar la resiliencia

1. **Acepta las cosas tal cual son.** No inviertas energía en negar lo que sucede; enfócala en cómo enfrentarlo.

2. **Cuida tu energía.** Descansa, aliméntate bien y respira profundo para mantenerte fuerte.

3. **Rodéate de apoyo.** Acércate a personas y entornos que te impulsen.

4. **Enfócate en lo que sí puedes controlar.** Suelta lo que no.

5. **Celebra tus victorias.** Por pequeñas que parezcan, son señales de que sigues avanzando.

6. **Mantén la fe.** Recuerda que todo ciclo difícil es temporal y que el poder creador jamás te abandona.

Afirmación

En mí habita una fuerza inquebrantable que me permite superar cualquier adversidad y renacer más fuerte que antes.

75.-Para cuando ya no esté

"Y aunque mis manos ya no puedan sostener las tuyas, seguiré tejiendo alas para tus sueños".

Querida hija,

Este libro es mucho más que palabras; es un pedazo de mi alma, un susurro constante que te acompaña, un refugio donde siempre me encontrarás.

Aquí estoy, en cada letra, en cada consejo, en cada historia… y sobre todo, en tu corazón.

Vivo en ti. En tu mirada, llevas mi luz. En tu risa, mi alegría. En tus lágrimas, mi fortaleza. En cada célula de tu cuerpo late mi amor, porque eres parte de mí y siempre lo serás.

El ADN que corre por tus venas lleva mi historia, mis sueños y mi bendición. Y aunque la vida te presente momentos oscuros, y mis brazos no estén aquí para sostenerte, recuerda que no estás sola. Yo siempre estaré ahí. En forma de intuición cuando debas decidir, en un abrazo invisible cuando necesites consuelo, en el susurro del viento que te anima a seguir, en la calma que llega cuando cierras los ojos y respiras profundo. Siempre estaré a tu lado.

Este mundo a veces puede ser ruidoso y caótico, pero si guardas silencio y te conectas con tu interior, escucharás mi voz diciéndote:

"Confío en ti. Estoy orgullosa de ti. Sigue adelante. El universo entero está de tu lado".

Si en algún momento enfrentas una tormenta, recuerda que no hay noche eterna. El amanecer siempre llega, y con él, nuevas oportunidades.

No temas equivocarte, porque los errores son semillas de sabiduría. No temas empezar de nuevo, porque cada inicio es un lienzo en blanco para pintar algo más hermoso.

Perdona, hija. Perdónate a ti y a los demás. Suelta las cargas que no te pertenecen. Vive ligera de equipaje para que puedas danzar con la vida. El perdón no significa olvidar, sino liberarte para seguir tu camino sin cadenas.

Ríe, ama, sueña, viaja, abraza, canta, llora cuando lo necesites y vuelve a reír. Aprecia las pequeñas cosas: una taza de café en calma, el sonido de la lluvia, el calor del sol en tu rostro, el abrazo de alguien que te quiere bien. Ahí, en esos detalles, también estaré yo.

Te bendigo para que siempre encuentres personas que te amen, caminos que te eleven, experiencias que te transformen. Te bendigo para que jamás pierdas la fe, para que creas en la magia, para que sepas que eres capaz de crear la vida que sueñas.

Y cuando la nostalgia te toque el alma y me extrañes demasiado, abre este libro, siéntate en silencio, pon tu mano en tu corazón… y ahí me sentirás, latiendo contigo.

Yo no me voy, hija mía. Simplemente estaré en otra forma, más libre, más luminosa, más cerca de ti de lo que jamás puedas imaginar.

Te amo con un amor que no conoce final. Te amo en esta vida, en las pasadas y en las que vendrán. Te amo en cada suspiro, en cada pensamiento, en cada instante de eternidad.

Recuerda siempre: eres mi más grande milagro y el regalo más hermoso que el poder creador me dio.

Y aunque mis manos ya no puedan sostener las tuyas, seguiré tejiendo alas para tus sueños. Aunque mis ojos no puedan mirarte, seguiré encendiendo luces en tu camino.

No busques mi voz fuera, hija mía… escúchala dentro de ti. Ahí habito, en el rincón más sagrado de tu alma. Y cuando mi ausencia parezca un abismo, llénalo con la certeza de que siempre serás mi orgullo, mi razón, mi amor eterno. Porque el hilo que nos une no entiende de distancias, ni de tiempo, ni de muerte. Ese hilo es infinito… y está hecho de amor. Del amor puro y sagrado que siento por ti.

Te ama,
Mamá

La producción editorial del presente libro
fue terminada el 22 de enero de 2026
en los talleres editoriales de:

**Ediciones
De La Parra**

Primera Edición
ediciesdelaparra.com